W0326992

Schmankerl- und Kräuterrezepte der vegetarischen Küche nach Eva Aschenbrenner

Autorin: Eva Aschenbrenner

3. Auflage

Redaktion, Konzeption, Satz und Gestaltung:
Socio-medico Verlag GmbH, 82405 Wessobrunn

© by Socio-medico Verlag (SMV) + Agentur für
medizinische Informationen GmbH, 82405 Wessobrunn

Printed in Germany 2003

Alle Rechte, insbesondere das Recht der Vervielfältigung und Verbreitung sowie der Übersetzung, vorbehalten. – Kein Teil des Werkes darf in irgendeiner Form (durch Fotokopie, Mikrofilm oder ein anderes Verfahren) ohne schriftliche Genehmigung des Verlages reproduziert oder unter Verwendung elektronischer Systeme verarbeitet, vervielfältigt oder verbreitet werden.

Redaktionelle Bearbeitung: Dipl. Chem. Gabriela Schwarz, 81545 München
Gestaltung der Titelseite: Kreativ & mehr Padberg, 82441 Ohlstadt
Fotos: Robert Aschenbrenner, 82467 Garmisch-Partenkirchen,
CMA (Seiten 13, 14, 21, 23, 24, 42), Kühne (20), Big John, da Buidl'macher (Titelbild)

Druck: Jos. C. Huber KG
ISBN: 3-927290-71-8

Inhaltsverzeichnis

WAHN!? – SINN?!
(anstelle eines Vorwortes)

Als die verbalen Wogen, die gegenseitigen Beschuldigungen und Vorwürfe während der BSE- und MKS-Krise täglich höher schlugen, die Politiker aller Länder und Parteien vollmundig ihre Mitbürger an die Verantwortung gegenüber der Tierwelt und der Ökologie aufriefen, jegliche Schuld von sich schiebend, malte der Frauenauer Bildhauer und Maler *Erwin Eisch* schweigend das Bild der Roten Kuh. Flammenzeichen in dumpfer Gedankennacht, Menetekel im babylonischen Sprachgewirr sollte und soll es für alle sein. Längst aber wenden sich Medien und Politiker wieder anderen Themen zu, uns jedoch sollte das Bild weiter zum Nach- und Umdenken bewegen.

Alle sind wir ein Teil der Schöpfung, so steht es wenigstens im Buch Genesis 1-2, und haben

Die Rote Kuh von Erwin Eisch. Der Künstler hat uns freundlicherweise erlaubt, das Gemälde in diesem Buch abzubilden, wofür wir ihm herzlichst danken.

den klar umrissenen Auftrag, sie zu bewahren. Entgegen allen anderslautenden Parolen steht die Erschließung einer neuen Welt nicht im Widerspruch zum christlichen Glauben. Dürfen wir wirklich alles tun, wozu wir im Stande sind? Oder könnte es nicht geschehen, dass wir durch die perfektesten Errungenschaften schuldhaft unser eigenes Unheil erzeugen? Muss es sein, dass in Amerika ein riesiger Anteil des Getreides an Schlachttiere verfüttert wird? Ein Drittel davon könnte Millionen Menschen vor dem Hungertod bewahren.

Mit der Zeit sollen wir gehen, modern wollen wir sein! Das bedeutet aber doch für einen verantwortungsvollen Menschen, dass wir eine Wirklichkeit nicht nur äußerlich miterleben, mitkonsumieren, sondern auch von innen her mit lebendigem Geist und wachem Gewissen mitgestalten. Es gilt für uns alle der Satz von Albert Schweitzer „Ich bin Leben, das leben will, inmitten von Leben, das auch leben will.“ Wir stehen der Schöpfung nicht unbeteiligt gegenüber, wir sind ein Teil von ihr. Die Natur bietet uns nicht nur Rohstoffe und Energiequellen, sie ist auch unsere Lebenswelt. Kein Mensch kann ohne intakte Umwelt leben und überleben. Missbrauchsbeispiele könnten hier zuhauf angeführt werden. Umdenken tut Not!

Das Bild mit der Roten Kuh soll uns daran erinnern, dass wir Fleisch nicht als anonyme Ware irgendwoher aus dem Supermarkt betrachten, sondern dass es von lebendigen Geschöpfen stammt. Es muss nicht täglich Fleisch sein, unseren Vorfahren war das bekannt, in den Schriften der *heiligen Hildegard* wird eindringlichst vor übermäßigem Fleischgenuss und seinen Folgen gewarnt.

Die Kräuterfrau *Eva Aschenbrenner* will uns in diesem Büchlein das Umdenken mit Hilfe erprobter, gesunder und gesundmachender Rezepte von Wildkräutern und Gemüsen erleichtern. „Wenn der Mensch solches isst, so führt der dem Leben eigene Zug der Vernunft, der im Menschen liegt, den Geschmack, den feineren Saft und den Geruch der Speisen und Getränke nach oben hin zu seinem Gehirn und erwärmt dies dadurch, dass es dessen Gefäße ausfüllt“, schreibt *Hildegard von Bingen.* Hoffen wir auf die Wahrheit dieses Satzes.

Die Rote Kuh von Erwin Eisch wird uns dann nicht mehr als Menetekel erscheinen, sondern als Mitgeschöpf in einer lebendigen Welt, in der jeder seine Aufgabe hat und alle aufeinander angewiesen sind.

Dr. med. Walter Stübinger
FA für Allgemeinmedizin,
Homöopathie-Naturheilverfahren

Geleitwort

In meinem ersten Buch „Der Wildkräutergang mit Eva Aschenbrenner durch's Jahr" habe ich Ihnen versprochen, dass ich mich weiter mit Kräutern und natürlich auch mit gesunder Ernährung beschäftigen werde.

Mit meinem neuen Buch wende ich mich natürlich wieder auch an die Freunde der Wild- und Heilkräuter. Doch liegt der Schwerpunkt jetzt nicht so sehr allein auf der gesundheitlichen Wirkung einzelner Kräuter, sondern jetzt habe ich mich vor allem auf die gesunde Ernährung konzentriert. Ich stelle Ihnen in diesem Buch einige Lebensmittel vor und verrate Ihnen gesunde, aber dennoch raffinierte und schmackhafte Rezepte, die Sie ohne viel Aufwand einfach und schnell ausprobieren können.

So erfahren Sie, dass Sellerie keineswegs nur als Suppengemüse oder Salat genutzt werden kann, sondern dass man aus diesem Gemüse ausgezeichnete „Sellerieschnitzel" zaubern kann. Mit diesen schmackhaften und gesunden Rezepten können Sie viele Krankheiten schon im Vorfeld bekämpfen, so dass sie gar nicht erst ausbrechen.

Bereits jetzt sind wir dabei, wertvolle „gesunde" Ratschläge und Tipps in einer ganz neuen Form für Sie zusammanzustellen, nämlich als Kalender, der Sie über zwei Jahre begleiten soll. Ich hoffe, dass dieser Kalender Ihnen ebenso gut gefallen wird wie meine Bücher.

Ich wünsche Ihnen nun viel Spaß beim Lesen des Buches und beim Ausprobieren der Rezepte. Und jetzt habe ich noch einen Bitte an Sie: Vergessen Sie niemals, Gott für all das, was er für uns wachsen ließ, zu danken!

Schwarzer Rettich gegen Husten

Gegen Erkältungen gibt es in der Apotheke viele Mittelchen zum Einnehmen, Einreiben und Inhalieren. Ich bin aber der festen Überzeugung, dass Hausmittel bei Erkältungen am besten sind. Eine Ausnahme bildet hier natürlich die schwere Virusgrippe. Ihre Behandlung gehört auf jeden Fall immer in die Hand des Arztes. Ich habe die Rezepte für viele Hausmittel von meiner Mutter „geerbt" und sie dann auch weitergegeben. Eins davon ist ein spezielles Mittel gegen Husten.

Ein natürlicher Hustensaft

Aus schwarzem Rettich kann man einen wirksamen und natürlichen Hustensaft herstellen (Kinder mögen ihn gern). Kaufen Sie einen schwarzen Rettich – bei uns in Bayern ist das ein Radi. Zuerst schneidet man die Kappe des Rettichs ab – aber nicht wegwerfen, die brauchen wir noch! Dann höhlt man den Rettich bis auf einen ungefähr ein Zentimeter dicken Rand (am besten mit einem Kartoffelstecher) aus. Das ausgehöhlte des Rettichs mit Kandiszucker und etwas gehackten Zwiebeln vermischen. Mit einer Stricknadel bohrt man den Rettich nach innen durch. Nun füllt man die Mischung in den ausgehöhlten

Und hier noch ein Tipp von mir

Ein Vitaminstoß kann in der kalten Jahreszeit keinesfalls schaden. Dadurch stärkt man das Immunsystem und bekämpft Erkältungen schon im Anfangsstadium. Erwachsene benötigen für meinen Vitamin-Cocktail die folgenden Zutaten: zwei Grapefruits, zwei Orangen und zwei Zitronen. Für Kinder nimmt man die Hälfte. Die Zitrusfrüchte werden ausgepresst. Der Saft wird mit einem Esslöffel Honig – am besten reinem Blütenhonig – vermischt und anschließend in einem Topf erhitzt – aber nicht zu heiß werden lassen, damit die Vitamine nicht zerstört werden. Nehmen Sie den Topf von der Herdplatte, geben Sie Holunderbeersaft und einen Obstler (nur für Erwachsene) oder konzentrierten Holunderblüten- bzw. Lindenblütentee dazu. Trinken Sie den Vitamin-Cocktail so heiß und so schnell wie möglich. Anschließend legen Sie sich sofort ins Bett und schwitzen ordentlich. Schon bald werden Sie sich deutlich besser fühlen, und wenn nicht, dann machen Sie sich noch einen Vitamindrink, insgesamt jedoch nicht mehr als zwei!

Rettich, gibt die Kappe auf den Rettich und setzt diesen mit der durchbohrten Spitze nach unten auf ein Glas. Schon bald tropft der heilsame Hustensaft in das Glas.

Bei starkem Husten sollten Sie und auch Ihre Kinder den Saft teelöffelweise einnehmen. Der Husten wird Sie schon bald nicht mehr plagen.

Im Rettich findet man
Gerbsäure
ätherische Öle

Sind Sie Diabetiker?

Sehr viele Menschen leiden an der Zuckerkrankheit. Hier haben wir ein sicheres Mittel, das auch nicht schadet, selbst wenn man schon Insulin spritzen muss. Die einfache Backhefe aus den Würfeln, in Flüssigkeit oder pur genommen, hilft garantiert (mehrfach mit großem Erfolg ausprobiert). Ich empfehle täglich einen Würfel, verteilt auf den Tag. Auch hier gilt: öfters wenig als einmal zuviel. Das Organ nimmt sich nur, was es im Moment braucht. Natürlich ist auch Bierhefe gut, doch bin ich immer für das Natürliche.

Als Getränk empfehle ich einen Tee aus gleichen Teilen Brombeersprossen, Fünffingerkraut (das blühende Kraut), Heidelbeerblättern (nur getrocknet und vor der Blüte gepflückt). Auch Bohnenschalentee hilft.

Blaukraut (Rotkraut) – ein wahrer Fitmacher

Erfolgreich hat man im Winter den drohenden Erkältungen getrotzt. Jetzt heißt es, bis zum Frühjahr fit zu bleiben. Dabei hilft uns das Blaukraut, das uns als Salat viele Vitamine und Spurenelemente liefert. Ideal ist Blaukrautsalat für den Darm, den wir unbedingt gesund erhalten müssen. Blaukraut reinigt den Darm, und zwar die gesamte Oberfläche, auch die Zotten und Falten.

Blaukraut ist gut für den Darm (CMA)

Und so mache ich meinen gesunden Blaukrautsalat: Das Blaukraut wird nur mit einem Gurkenhobel gehobelt, damit es fein und nicht zu kantig wird. Dazu gebe ich gehobelte Zwiebeln – die sind gut für die Bronchien –, ein bisschen Kräutersalz, Kräuteressig, Distelöl und Kümmel als Ballaststoffe. Alles gut miteinander vermischen! Ihr Darm wird sich freuen!

Und hier noch ein Tipp von mir
Wann immer es möglich ist, verwende ich Distelöl. Es enthält sehr viel Vitamin E, das unsere Zellen vor Schadstoffen aus der Umwelt schützt.

Rote Rüben (Rote Bete) – das Wintergemüse

Rote Rüben, in Norddeutschland sagt man Rote Bete, sind zwar ein ganz einfaches Gemüse, aber wegen ihrer Inhaltsstoffe sehr gesund. Deshalb sollte man zweimal, mindestens aber einmal in der Woche Rote Rüben essen. Rote Rüben enthalten Rutin, einen roten Farbstoff gegen Erkältungskrankheiten und Grippe, Eisen gegen Blutarmut, Betaine für die Leber und die Galle.

Aus Roten Rüben lässt sich ein kräftiger Gesundheitscocktail zubereiten. Bürsten Sie die Rüben gut ab, waschen Sie sie. Schneiden Sie dann Schwanz und Spitzerl ab. Nun kochen Sie die Rüben in Wasser – gießen Sie die Brühe nicht weg, denn sie enthält Rutin für Ihr Blut. Die Rüben sind fertig, wenn man sie ohne Messer schälen kann. Die gekochten Rüben werden gerieben und mit gehobelten Zwiebeln vermischt. Gießen Sie jetzt die Brühe über die Rüben, fügen Sie dann noch Kräuteressig, kein Öl, dazu.

Rote Rübe (CMA)

Und hier noch ein Tipp von mir
Wenn Sie sich mit dem Gemüse gar nicht anfreunden können oder Sie es nicht bekommen können, dann kaufen Sie sich im Reformhaus den Saft aus Roten Rüben. Auch so können Sie Gesundheit tanken!

Würzen Sie mit Kräutersalz und je nach Geschmack mit geriebenem Kümmel. Lassen Sie alles einige Stunden durchziehen.

Die Heilkraft des Meerrettichs

Der Meerrettich ist ein scharfes Gewürz, aber er besitzt eine sanfte Heilkraft. Wegen seiner cholesterinsenkenden Wirkung gehört er eigentlich in jedes Essen, ob es sich um ein Salatdressing handelt, eine Gemüsesuppe, um Soßen, Fisch, Wild oder Fleisch. In meinen Rezepten (ab Seite 53) gehört Meerrettich immer dazu. Wenn Sie täglich einen Löffel Meerrettich essen, werden Sie nie Probleme mit zu hohen Cholesterinwerten bekommen.

Im Meerrettich findet man
ätherische Öle
Senföl (gut für Leber und Galle)
Bitterstoffe

Gegen Asthma, Bronchitis und Halsschmerzen

Mit Honig vermischt, ist geriebener Meerrettich das beste Mittel für Asthmatiker. Vermischen Sie zwei Teelöffel frisch geriebenen Meerrettich mit einem Teelöffel Honig. Wenn Sie abends im Bett nicht richtig durchatmen können, nehmen Sie einen halben Teelöffel der Mischung in den Mund, und schon können Sie frei atmen und auch sehr gut schlafen.

Und hier noch ein Tipp von mir
Geschält hält sich der Meerrettich leider nur wenige Tage. Dann schimmelt er. Deshalb sollten Sie Meerrettich nur bei Gebrauch schälen.

Meerrettich

Für Kinder mit Angina oder Bronchitis gibt es einen sehr wirkungsvollen Meerrettich-Wickel: Streichen Sie auf ein sauberes Küchentuch Magerquark. Auf diesen reiben Sie frischen Meerrettich – doch nicht zu viel, sonst wird der Wickel zu scharf. Drücken Sie den Meerrettich etwas an. Dann legen Sie den Wickel über Nacht direkt auf die Brust bzw. um den Hals.

Die gesunden Wirkstoffe ziehen nicht nur durch die Nase, sondern auch durch die Poren der Haut direkt in den Körper. Am nächsten Morgen ist der Brei ganz bröckelig geworden, aber die kleinen Patienten werden sich viel besser fühlen. Natürlich eignet sich dieser Wickel auch für Erwachsene.

Mein 6er Tee (patentiert)

Durch langes Ausprobieren habe ich eine Teemischung gefunden, die eine große Heilwirkung für alle Organe hat. Der Tee sollte sechs Wochen lang getrunken werden. Dann sollte man vielleicht vier Wochen aussetzen. Je nachdem wie der gesundheitliche Zustand ist, kann man die Kur wiederholen. In der Zwischenzeit schmeckt auch mein Wintertee recht gut. Auch er ist heilsam. Mein 6er Tee ist ebenfalls in gesunden Tagen zur allgemeinen Regeneration und Erhaltung der Körperfunktionen gedacht.

Die Brennnessel wirkt blutreinigend, blutbildend und wassertreibend. Die Gelenke werden ausgeschwemmt. Brennnesseln enthalten Kalk, Magnesium, Eisen, Chlorophyll und ätherische Öle. Die Schafgarbe hat eine reinigende Funktion für Magen- und Darm. Sie hilft bei Problemen mit Kreislauf, Lunge und Unterleib. Sie wirkt bei Schuppenflechte, Bronchitis, Hitzewallungen und Schließmuskelschwäche. Auch bei Parkinson (Schüttellähmung) habe ich gute Erfolge erzielt.

Melisse wirkt beruhigend bei nervlichen und psychischen Problemen, bei Magen-, Darm- und Herzbeschwerden, ist windtreibend und hilft bei Schlafproblemen. Die Ringelblume unterstützt Magen, Darm, Galle, Leber, Blut, Venen und hilft bei Geschwüren. Man nimmt zur Blüte auch Blätter und Stiele (gut trocknen). Die Walnussblätter unterstützen Leber und Haare, helfen bei Ödemen, Durchfall, Gasen und Blutarmut und wirken blutreinigend, wurmtreibend und sind deshalb besonders gut zur Darmreinigung. Anfang Juli gepflückt, enthalten sie die meisten Wirkstoffe. Birkenblätter wirken anregend, harntreibend, blutreinigend, schwemmen die Gelenke aus, helfen bei Gicht, Rheuma, Haut- und Haarproblemen, zu viel Cholesterin, Transpiration, Steinerkrankungen und fördern die Gallensekretion. Sie enthalten Eisen, Jod, Calcium, Natron, Phosphor, ätherische Öle.

Es ist schon sehr wichtig, dass das Blut gereinigt wird und flüssig durch die Adern fließt. Es erreicht leichter unser Gehirn, und so kann ein Schlaganfall verhindert werden.

Gelbe Rüben (Karotten, Möhren) gegen Gicht und mehr

Die Karotten gehören nicht zum eigentlichen Wintergemüse, man kann sie das ganze Jahr über verwenden. Auch ihre gesundheitliche Wirkung entfalten sie über das ganze Jahr.

Und hier noch ein Tipp von mir
Damit Karotten immer frisch und knackig bleiben, sollte man sie in Sand einschlagen.

Karotten enthalten eigentlich alles, was der Organismus benötigt: Vitamin B1, B2 und Karotin für Augen, Haut und Knochen. Doch mir geht es hier um eine spezielle Wirkung der Karotten, und zwar um die Darmreinigung bei Erwachsenen und Kindern. Karotten beseitigen Parasiten, Eiablagerungen und auch Pilze aus dem Darm. Dazu muss man drei bis vier Karotten schälen (bei Karotten aus dem eigenen Garten genügt es, sie zu waschen) und mit einem Reibeisen mit Schräglöchern aufreiben. Geben Sie zu den geriebenen Karotten etwas Öl, Sahne oder Fett, damit das Karotin, die Vorstufe von Vitamin A auch für unseren Körper aufgeschlossen wird. Essen Sie den Karottenbrei nicht auf einmal, sondern über den Tag verteilt.

Wenn Sie etwas gegen Gicht, Rheuma und niedrigen Blutdruck unternehmen möchten, dann sollten Sie den Karottenbrei noch „verfeinern“. Vermischen Sie ihn mit einer geriebenen Zwiebel, einem Esslöffel Blütenhonig und einem geriebenen Apfel oder etwas Apfelsaft. Mit dieser Mischung lindern Sie die Beschwerden bei Gicht und Rheuma und treiben Ihren Blutdruck ein wenig in die Höhe. Auch hier gilt: Den Brei über den Tag verteilt essen.

Gelbe Rüben

Kartoffeln machen den Magen fit

Kartoffeln gibt es während des ganzen Jahres – entweder eingewintert oder als Frühkartoffeln. Sie bestehen zu 98% aus Wasser, machen also nicht – wie oft behauptet – dick. Außerdem enthalten Kartoffeln Vitamin C und Stärke.

Gesundheit in der Schale

Besonders hilfreich bei Magen-, Galle- und Leberproblemen ist das Kartoffelwasser. Dazu reibt man morgens eine rohe Kartoffel mit der Schale. Denn unter der Schale sitzen die gesunden Inhaltsstoffe. Dann geben Sie den „Kartoffelbrei“ in ein Tuch und pressen das Kartoffelwasser heraus. Trinken Sie es nüchtern in kleinen Schlucken, um so Ihren Magen aufzuräumen. Auch von den geriebenen Kartoffeln sollten Sie morgens ein paar Löffel zu sich nehmen. Das bindet die überschüssige Magensäure und lindert Magenschmerzen.

In Kartoffeln findet man
Vitamin C
Wasser
Stärke

Und hier noch ein Tipp von mir
Kartoffelwasser sieht vor allem für Kinder nicht besonders einladend aus. Vermischen Sie es mit etwas Fruchtsaft, und dann werden auch Ihre Kinder bei Magenproblemen gerne morgens einige Schlucke Kartoffelwasser trinken.

Kartoffeln helfen aber nicht nur von innen, sondern auch von außen, beispielsweise bei Gelenkproblemen oder bei nicht heilenden Wunden. Geben Sie eine geriebene rohe Kartoffel auf ein Küchentuch, das Sie dann um das schmerzende Gelenk wickeln. Verstärkt wird die Wirkung der Kartoffel, wenn Sie noch einen Esslöffel Blütenhonig dazugeben. Entfernen Sie den Wickel erst am nächsten Morgen. Sie werden überrascht sein, dass die Gelenkbeschwerden fast verschwunden sind.

Bei Zahnschmerzen hilft es, wenn Sie gekochte Kartoffeln noch heiß in ein Leinensäckchen geben und dieses an die entsprechende Backe halten. Doch nicht vergessen: Langfristig kann bei Zahnproblemen nur der Zahnarzt helfen!

Sellerie und Petersilie – Kraft für Nieren und Herz

Der Sellerie ist ein typisches Wintergemüse. Aber eigentlich sollte man das ganze Jahr über Sellerie essen, denn er ist sehr gesund. Er erhöht nicht nur die Potenz – hier schmunzeln die Männer –, er reinigt auch das Blut, lindert Stress, regt den Kreislauf an, verbessert das Blut und wirkt entwässernd sowie harntreibend.

Im Sellerie findet man
Vitamin A
Vitamin B
Vitamin D
Vitamin E
Kalium
Chlorid

Und hier noch ein Tipp von mir
Petersilienwurzel und Kraut helfen auch bei Harnwegsinfektionen und stärken die Nerven. Deshalb sollte man die Petersilie nicht nur als Dekoration verwenden, sondern auch essen.

Man kann den Sellerie auf die unterschiedlichste Weise genießen, beispielsweise als Selleriesalat oder auch als Sellerieschnitzel (siehe Seite 58).

Ein hervorragender Wein fürs Herz

Mit Petersilie lässt sich ein sehr wirkungsvoller Herzwein herstellen.

Geben Sie dazu 300 Gramm Petersilienwurzel und -stängel sowie einen Spritzer Obstessig in 1 Liter Weiß- oder Rotwein. Kochen Sie die Flüssigkeit ungefähr zehn Minuten lang – nicht länger – auf.

Nach dem Abkühlen geben Sie ungefähr 200 Gramm Honig dazu. Dann gießen Sie die Flüssigkeit ab. Trinken Sie morgens sowie abends ein Likörglas („Stamperl“) davon. Das tut Ihrem Herz gut, da der Wein Herzerkrankungen vorbeugt, das Herz stärkt und es vor schädlichen Ablagerungen schützt.

Sauerkraut vertreibt Pilze aus dem Darm

Zu den Zeiten der großen Entdecker war das Sauerkraut für viele Seefahrer die Rettung vor dem sicheren Tod. Da sie auf ihre Reisen kein frisches Gemüse und Obst mitnehmen konnten, erkrankten viele von ihnen an Skorbut, einer Vitamin-C-Mangelerkrankung. Erst als man auf die langen Schiffsreisen, die ja manchmal mehrere Jahre dauerten, Fässer mit Sauerkraut mitnahm, konnte man die Vitaminmangelerkrankung Skorbut verhindern. Sauerkraut ist nämlich ein sehr ergiebiger Vitamin-C-Lieferant.

Auch heute noch sollte man die gesundheitliche Kraft des Sauerkrauts bzw. des Weißkohls nicht unterschätzen. So hilft beispielsweise ein Weißkohlumschlag bei schmerzenden Gelenken.

Dazu nimmt man ein Weißkohlblatt, das noch ein bisschen saftig sein sollte. Dieses Blatt wird nun mit dem Nudelholz kräftig „bearbeitet", bis es richtig saftig wird. Das Weißkohlblatt legen Sie dann auf das schmerzende Gelenk auf. Über Nacht zieht es die Schmerzen und die schädlichen Stoffe aus dem Gelenk heraus.

Zwei Gabeln rohes Sauerkraut sind gut für die Verdauung (Kühne).

Auch bei Problemen mit der Verdauung sollte man auf Sauerkraut zurückgreifen. Sauerkraut wird ja aus Weißkohl hergestellt. Nach dem Schneiden gibt man das Kraut in ein Fass, wo es mit Salz vermischt wird. Anschließend wird das Kraut gestampft. Dabei gärt es und durch diese Gärung entsteht Milchsäure. Milchsäurebakterien sind wiederum gut für den Darm. Sie schützen und regenerieren die Darmflora. Deshalb sollte man bei Verdauungsbeschwerden jeden Morgen zwei bis drei Gabeln rohes Sauerkraut essen und eventuell noch ein Glas Sauerkrautsaft trinken.

Salate – die gesunden Fitmacher

Auch im Frühjahr, wenn alles grünt und blüht, sollten Salate wie Endiviensalat, Chicoree-Salat, Radicchio-Salat, die es natürlich ebenfalls im Winter gibt, auf dem Speiseplan nicht fehlen. Salate enthalten eine große Menge an Bitterstoffen. Diese sind gut für die Leber, die Galle, den Stoffwechsel, die Verdauung, den Darm und – das ist besonders wichtig – sie lösen Gallensteine.

Radicchiosalat (CMA)

Endiviensalat (CMA)

Für einen gemischten Salat werden die einzelnen Blattsalate mit lauwarmem Wasser – keinesfalls mit heißem – gewaschen. Vom Endiviensalat sollte man nur die äußeren Blätter verwenden, da sie die meisten Bitterstoffe enthalten. Angemacht wird der Salat mit Kräuteressig, Kräuter- oder Meersalz, und – wer mag – einer Prise Zucker. Als Öl verwende ich bei Salaten meist Maiskeimöl. Welche Salate Sie verwenden, bleibt ganz Ihrem Geschmack überlassen. Mit allen Salaten versorgen Sie Ihren Körper mit vielen Vitaminen, Chlorophyll und den gesunden Bitterstoffen.

Chicoreesalat (CMA)

Der Apfel – König der Gesundmacher

Früher gab es ein Sprichwort, das hieß: „Mit einem Apfel am Tag ersetzt man den Arzt!" In der heutigen Zeit trifft dies wohl leider nicht mehr zu. Sehr wahrscheinlich würden jetzt selbst drei Äpfel nicht mehr ausreichen, um den Arzt zu ersetzen. Trotzdem spielt der Apfel in der gesunden Küche auch heute noch eine außerordentlich wichtige Rolle.

Wichtig ist, dass man immer nur Äpfel aus biologischem Anbau verwendet. Gespritzte Äpfel schauen zwar oft schöner aus, doch sind diese Äpfel mit vielen Schadstoffen aus den Spritzmitteln behaftet. Ein sicheres Kennzeichen für einen ungespritzten Apfel ist, wenn Sie einen Wurm im Apfel finden, denn Würmer „fühlen sich nur in ungespritztem Obst wohl". Achten Sie auch darauf, dass Sie nur Äpfel mit Stiel kaufen, denn diese sind am Baum gereift und nicht schon viel zu früh abgeerntet worden.

Was findet man im Apfel?

Der Apfel enthält eigentlich alle Vitamine, die der menschliche Körper braucht. Außerdem findet man im Apfel noch Pektine, die Ballaststoffe. Vergessen Sie bitte nicht, dass die höchste Konzentration der gesundheitlichen Inhaltsstoffe direkt unter der Schale herrscht. Deshalb sollte man den Apfel waschen und unbedingt mit der Schale essen.

Im Apfel findet man
Vitamin A
Vitamin B
Vitamin C
Pektine

Und hier noch ein Tipp von mir
Damit Sie die mit dem sauren Regen auf dem Apfel abgelagerten Schadstoffe nicht mitessen, sollten Sie Blüte und Stiel unbedingt herausschneiden. Essen Sie aber den Apfelbutzen unbedingt mit, denn er putzt den Darm.

Der Apfel ist gut für ...

Ein voller Bauch studiert nicht gern. So sagt schon der Volksmund. Abhilfe schafft hier der Apfel, denn er erleichtert bei vollem Magen das Aufstoßen. Das Völlegefühl verschwindet. Auch für die Bauchspeicheldrüse ist er gut. Er hilft, den zu hohen Cholesterinspiegel zu senken, seine Ballaststoffe bringen den Darm wieder in Schwung.

Was kann man mit dem Apfel machen?

Natürlich kennt jeder von Ihnen das Apfelmus oder das Apfelkompott. Das schmeckt zwar alles sehr gut, aber Sie sollten den Apfel am besten roh essen. Das ist gut für die Zähne – sie werden geputzt – und auch für das Zahnfleisch, das auf diese Weise gefestigt wird.

Dann können Sie noch Apfelschnitzel zubereiten, entweder im Dörr- oder im Backofen. Lassen Sie die Backofentür etwas offen, damit der Dampf abziehen kann. Kauen Sie diese reschen Apfelschnitzel gut durch. Das hilft gegen Tinnitus (Ohrensausen). Denn diese Erkrankung hat nichts mit dem Ohr, sondern mit dem Innenohr zu tun. Da wir heute zu faul zum Kauen sind, wird es nicht mehr richtig durchblutet, weshalb es zu den unangenehmen Geräuschen im Ohr kommt. Durch das Kauen von getrockneten Apfelschnitzeln wird die Durchblutung des Innenohrs wieder gesteigert und das Ohrensausen wird wieder besser.

Auch die Apfelschalen – natürlich nur von Äpfeln aus biologischem

Der Apfel ist der König der Gesundmacher (CMA).

Anbau – können Sie im Backofen trocknen. Aus den getrockneten Schalen können Sie dann später einen gesunden und schmackhaften Apfeltee zubereiten.

Auch gegen Eisenmangel

Jetzt noch ein besonderer Tipp für Menschen mit Eisenmangel. Stecken Sie Eisennägel über Nacht in einen Apfel. Am nächsten Morgen entfernen Sie die Nägel und essen den Apfel. Der Apfel hat über Nacht das von den Nägeln freigesetzte Eisen aufgenommen. Waschen Sie die Nägel ab und stecken Sie sie in einen neuen Apfel. Wem dieser Aufwand zu groß ist, der kann Apfelschnitzel in einer alten Eisenpfanne mit etwas Butter dünsten und über Nacht stehen lassen. Auch so nimmt der Apfel die für einen ganzen Tag benötigte Eisenmenge auf.

Kohlrabi – der Schlankmacher für die Frühjahrskur

Im Frühjahr gibt es den jungen Kohlrabi. Mit seiner Hilfe kann man die Frühjahrsmüdigkeit überwinden, denn er enthält Eisen, Calcium und Magnesium. Da er zu 91% aus Wasser besteht, gilt er auch als ein guter Schlankmacher.

Im Kohlrabi findet man
Eisen
Calcium
Magnesium
Wasser (91%)

Die wenigsten Menschen wissen, dass die Inhaltsstoffe in den Blättern des Kohlrabi eine besonders hohe Konzentration erreichen. Deshalb sollte man die grünen Blätter des Kohlrabi nicht wegschmeißen, sondern beispielsweise zu Gemüse verarbeiten. Dazu werden die Blätter zuerst blanchiert. Auf diese Weise werden die eventuell vorhandenen Pestizide vernichtet. Anschließend schneidet man die Blätter klein und dünstet sie in der Pfanne in heißem Distelöl an. Gewürzt wird mit etwas Kräutersalz und Zitronensaft. Das Gemüse eignet sich sehr gut als Brotaufstrich oder auch als Beilage zu den verschiedensten Gerichten.

Und hier noch ein Tipp von mir
Kinder und auch Erwachsene lieben den rohen Kohlrabi. Ich mache manchmal mit meinem Entsafter Kohlrabisaft – einen richtigen Vitaminstoß, den man im Frühjahr gut gebrauchen kann.

Kohlrabi (CMA)

Natürlich ist auch das klassische Kohlrabigemüse ein gesunder Frühjahrsgruß – vor allem wenn man als Bindemittel statt Mehl Hirse verwendet. Hirse ist wegen seiner Inhaltsstoffe Magnesium und Kieselsäure gut für Fingernägel und Haare. Würzen Sie das Gemüse mit Kräutersalz, Zitronensaft und etwas Meerrettich

Der Bärlauch, der erste Gesundmacher im Jahr

Die Natur bietet uns alles, was für die Gesundheit wichtig ist. Als erster erwacht im Frühjahr der Bärlauch aus seinem Winterschlaf. Da er feuchte Gebiete bevorzugt, findet man ihn beispielsweise in Auwäldern, an Gräben und an Stellen, die noch mit viel Laub bedeckt sind. Beim Sammeln von Bärlauch muss man jedoch sehr aufpassen, da er leicht mit der giftigen Herbstzeitlosen verwechselt werden kann. Beide Pflanzen findet man auch im Frühjahr.

Verlassen Sie sich beim Sammeln von Bärlauch auf Ihren Geruchssinn: Zerreiben Sie die Blätter. Der Bärlauch riecht nach Schnittlauch oder Knoblauch, eventuell auch nach Zwiebeln. Außerdem findet man beim Bärlauch bei jeder Pflanze ein, höchstens zwei Blätter pro Zwiebel. Die Herbstzeitlose trägt pro Stil vier oder fünf Blätter. Auch mit dem giftigen Maiglöckchen kann der Bärlauch verwechselt werden, doch auch hier hilft der Geruchssinn weiter.

Bärlauch (Allium ursinum)

„Es gibt kein Unkraut, es gibt nur Wildkräuter. Die bei uns heimischen Wildkräuter helfen uns, gesund zu bleiben und Krankheiten zu bekämpfen."

Was findet man im Bärlauch?

Der frische Bärlauch enthält reichlich Vitamin C, ätherische Öle, Schleim, Mineralstoffe und natürlich Chlorophyll. Doch sollten Sie wissen, dass diese wertvollen Stoffe nur im frischen Bärlauch enthalten sind; getrocknet hat er jede gesundheitliche Kraft verloren.

Im Bärlauch findet man
Vitamin C
Ätherische Öle
Schleim
Mineralstoffe
Chlorophyll

Bärlauchtinktur

Der Bärlauch ist gut für ...

Der Körper braucht nach dem langen Winter eine Entschlackung. Und genau dies erreicht man mit dem Bärlauch. Er reinigt Leber, Magen, Darm, Niere, Galle und Blut.

Was kann man mit Bärlauch machen?

Wenn Sie frischen Bärlauch sammeln, achten Sie darauf, dass Sie die Blätter nur mit einem Messer oder einer Schere abschneiden und die Zwiebeln nicht verletzen. So kann auch im nächsten Jahr wieder neuer Bärlauch wachsen.

Waschen Sie den Bärlauch gründlich, damit auch der bei uns leider häufig auftretende Fuchsbandwurm keine Gefahr mehr ist – sicher ist sicher. Am einfachsten ist es, den frischen Bärlauch klein zu schneiden und auf ein Butterbrot zu streuen. So haben Sie ein gutes Bärlauchbrot. Auch der Salat lässt sich mit zerkleinerten Bärlauchblättern verfeinern.

Sie können den gewaschenen Bärlauch auch durch den Fleischwolf drehen. Auf diese Weise können Sie das Kraut in Gläsern aufbewahren. Einfrieren ist nicht notwendig, denn aufgrund seiner Inhaltsstoffe hält sich der Bärlauch nahezu ewig! Keinesfalls sollten Sie den Bärlauch in Plastiktüten oder Tupperdosen einfrieren, da sonst der ganze Gefrierschrank nach Bärlauch riecht.

Wenn der Bärlauch schon Knospen oder Blüten trägt, verlieren die Blätter ihre Kraft, die dann in Knospen und Blüten übergeht. Das ist gut für den Blutdruck. Die Blüten können Sie beispielsweise in klarem Schnaps ansetzen. Bei zu hohem oder auch zu niedrigem Blutdruck

Zwiebel des Bärlauchs

nehmen Sie dreimal täglich 12 Tropfen.

Leider kann man den Bärlauch nicht trocknen, denn mit dem Trocknen verliert er seine ganze Kraft. Deshalb sollten Sie im Frühjahr soviel frischen Bärlauch wie möglich essen.

Und hier noch ein Tipp von mir
Die Blüten können Sie auch in trockenem Weißwein ansetzen. Lassen Sie den Ansatz sechs Wochen lang stehen und probieren Sie dann. Ein Likörglas pro Tag als Aperitif tut Magen und Darm sehr gut.

Der Kaltwettertee

Vor allem im Herbst, wenn es draußen kalt und regnerisch ist, sich der Körper aber noch nicht an diese Wetterbedingungen gewöhnt hat, ist schnell eine Erkältung im Anzug. Fieber, Schnupfen, Husten und Halsschmerzen zwingen uns häufig, für einige Tage das Bett zu hüten. Solche Erkältungen lassen sich mit meinem Kaltwettertee lindern, ja man kann ihnen sogar mit meinem Tee vorbeugen. Deshalb sollten Sie diesen Kaltwettertee bei den ersten Anzeichen einer Erkältung, am besten schon, wenn es draußen kalt und windig wird, trinken.

Der Kaltwettertee enthält Holunderblüten, Lindenblüten, Huflattichblätter, Spitzwegerichkraut sowie Echinacea-Kraut (auch bekannt als Roter Sonnenhut) und Salbeiblätter.

Schutz vor Erkältung
Zwei rote Zwiebeln (sie haben eine höhere Konzentration an gesunden Inhaltsstoffen) mit dem Gurkenhobel aufreiben und in eine weithalsige Saftflasche geben. Vermischen Sie die Zwiebeln mit zwei Esslöffeln echtem Honig. Dann füllen Sie die Mischung mit einem halben Liter klarem Schnaps auf. Öfters schütteln! Lassen Sie den Ansatz ungefähr 24 Stunden stehen. Bevor Sie unter Menschen gehen, sollten Sie ein halbes oder auch ein ganzes Likörglas trinken (ich habe hierzu erfolgeiche Rückmeldungen). Bereiten Sie gleich die nächste Flasche vor, der „Trunk“ darf den ganzen Winter nicht ausgehen.
Die Zwiebel bitte nicht wegwerfen, sondern verkochen.

Brunnenkresse bringt Schwung in müde Glieder

Die Brunnenkresse bevorzugt sumpfiges Gebiet oder den Rand von Bächen und Flüssen. Das Besondere an der Brunnenkresse ist ihr hoher Jodgehalt. Jod ist sehr wichtig für die Schilddrüse, die ohne Jod nicht arbeiten kann. Weil die Brunnenkresse soviel Jod enthält, sollte man sie immer wieder frisch holen. Sie wächst von der Schneeschmelze bis in den Spätherbst.

In der Brunnenkresse findet man
Jod
Senföle
Vitamin A
Vitamin B2
Vitamin C
Mineralsalze

Aus frischer Brunnenkresse kann man Tee zubereiten. Eine Handvoll davon mit kochendem Wasser übergießen, zehn Minuten ziehen lassen und eine Tasse nüchtern trinken. Das bringt den Darm in Schwung.

Statt einem Schnittlauchbrot sollte man morgens ab und zu einmal ein Brunnenkressebrot essen. Damit kurbelt man morgens den Motor an für den ganzen Tag.

Brunnenkresse

Die Brunnenkresse hilft auch bei Hautunreinheiten. Schneiden Sie ein paar Blätter klein, quetschen Sie sie im Mörser. Dabei tritt soviel Saft aus, dass man ihn gut verstreichen kann. Die Hautunreinheiten verschwinden. Bei Verletzungen und Altersflecken hilft eine Salbe: Quetschen Sie frische kleingeschnittene Brunnenkresse im Mörser, vermischen sie mit einem Teelöffel Honig und verrühren das Ganze gut. Nehmen Sie sterilen Mull, auf den Sie die Mischung streichen. Legen Sie den Mull über Nacht auf braune Altersflecken oder Verletzungen.

Der Huflattich – einer der ersten im Jahr

Eine der ersten Blüten im Frühjahr ist der Huflattich. Die Blüte kommt allein, die Blätter kommen erst viel später. Holen Sie sich die Blüten, wenn sie offen sind, also bei Sonnenschein. Trocknen Sie die Blüten sofort, da sonst ein wertloser Flaum entsteht. Wenn Sie die Blüten nicht trocknen, dann legen Sie sie geöffnet in klaren Schnaps. Die Blüten verbreiten einen feinen Honigduft, der auch in das Getränk übergeht. Bei Husten und anderen Atemwegsproblemen sollten Sie täglich ein Likörglas davon trinken.

Merken Sie sich die Plätze, wo Sie die Blüten gezupft haben. Ab Mai kommen an diesen Stellen nämlich die frischen Blätter. Wenn sie eine gewisse Größe erreicht haben und noch flaumig weich sind, dann sollten Sie sie ernten. Sie können die Blätter während des ganzen Sommers holen, sie wachsen bis zum Herbst immer wieder frisch nach. Man verwendet die Huflattichblätter frisch oder getrocknet. Für einen Huflattichblättertee geben Sie ein paar getrocknete Huflattichblätter vom letzten Jahr in ein Glas. Übergießen Sie die Blätter mit kochendem Wasser, den Tee zehn Minuten ziehen lassen, dann abseihen und schlückchenweise trinken, vielleicht drei Tassen am Tag. Der Huflattichblättertee hilft bei Lungenerkrankungen, Verschleimungen, Magen-Darm-Erkrankungen sowie Reizhusten und Halsschmerzen. Man kann mit dem Tee bei Halsschmerzen auch gurgeln. Achtung: Trinken Sie den Tee nicht länger als vier Wochen im Jahr. Die Leber könnte sonst zu stark belastet werden.

Huflattich (Tussilago farfara)

Im Huflattich findet man
Gerbstoffe
Bitterstoffe
Pflanzenschleim
Saponine

Früher dienten getrocknete Huflattichblätter als ungewöhnliches Hausmittel bei Asthma. Die Blätter wurden in die Pfeife gestopft und dann geraucht. Dies verschaffte den Patienten Erleichterung und Linderung. Es hat zwar nicht gut gerochen, aber es hat geholfen.

Mein Wintertee

Zu meinem Wintertee gehören junge Brombeersprossen, Himbeersprossen, schwarze Johannisbeerblätter und Hagebutte (Frucht, junge Blätter). Junge Waldbeerblätter können Sie den ganzen Sommer pflücken und trocknen. Sie enthalten Gerbstoffe, ätherische Öle, Vitamin C und Mineralstoffe. Deshalb wirken sie blutreinigend, blutvermehrend, auch nervenberuhigend. Besonders zu empfehlen sind sie bei blutarmen Kindern. Sie enthalten Gerb-, Apfel-und Zitronensäure. Die Brombeere wirkt blutreinigend, harnaustreibend und wundreinigend. Sie hilft bei Durchfall, Heiserkeit, hohem Blutzucker und entzündeter Mundschleimhaut. Auch bei der Himbeere holen Sie die jungen Blätter und Sprossen. Sie enthalten Zitronensäure, Vitamin C, Zucker und Mineralsalze. Die Himbeere reguliert die Menstruation, wirkt zusammenziehend und blutreinigend, erleichtert das Schwitzen und schwemmt aus. Schwarze Johannisbeerblätter haben schon im Geruch (auch getrocknet) einen hohen Geschmacksanteil. Am wirksamsten sind die jungen Blattknospen. Als Tee getrocknet sind sie gut für die Nebennierenfunktion. Sie helfen Migränekranken, nervösen Kindern und Jugendlichen, bei Arterienverkalkung, hohem Blutdruck, Fettleibigkeit, Gicht, Leber-, Nieren-, Kreislaufproblemen und reinigen die Adern. Die Hagebutte passt schon ihres säuerlichen Geschmacks wegen zu diesem Wintertee. Sie rundet das Ganze ab. Durch ihren hohen Vitamin-C-Gehalt ist sie ein gutes Mittel gegen Schnupfen. Außerdem enthält sie die Vitamine A, B, K, E, Eisen, Pektine, Gerbstoffe. Zur Frucht nimmt man noch die jungen Blätter. Die Hagebutte selbst wasche ich, trockne sie ganz und zerkleinere sie im Mörser. Man kann sie auch gesondert aufheben. Ich nehme sie mit den Kernen. Sie hilft bei Angst, Durchfall, Steinbildungen und Asthenie (körperlicher Schwäche).

Alles in allem wirkt mein Wintertee vorbeugend, er hilft aber auch zu einem gesunden Start ins Frühjahr.

Spitzwegerich – ein gesundes „Unkraut"

Als einen der ersten Vertreter der Kräuter findet man im Frühjahr den Spitzwegerich. Innerhalb der Familie der Wegeriche – breiter Wegerich, mittlerer Wegerich, Spitzwegerich – gibt Letzterer den meisten Saft.

Der Spitzwegerich enthält frisch natürliches Antibiotikum und besitzt deshalb eine enorme Heilkraft, beispielsweise bei Verletzungen und Wunden. Dazu werden die Blätter mit dem Nudelholz saftig gemacht, auf die Wunde oder Verletzung aufgelegt und anschließend mit einer Binde fixiert. Die Auflage muss alle zwei Stunden erneuert werden.

Spitzwegerich (Plantago lanceolata)

Mittlerer Wegerich (Plantago media)

Auch bei Zahnfisteln oder kleineren Geschwüren im Mund habe ich den Spitzwegerich erfolgreich angewendet. Legen Sie mehrmals täglich ein paar junge Blätter auf die Fistel, nach ein paar Tagen ist sie verschwunden.

Besonders gut ist Spitzwegerich bei Husten. Schneiden Sie dazu 50 Blättchen klein und geben Sie sie zusammen mit einem Pfund Honig in ein Einmachglas. Stellen Sie das Gefäß mit dem Hustenhonig während des Sommers in die Sonne. Im Herbst und im Winter kann man dann bei Husten einen Teelöffel des Honigs mit den Blättchen in den Tee geben oder ihn auch löffelweise essen. Dadurch wird der Schleim in den Bronchien gelöst.

Gegen Husten habe ich auch noch ein anderes Rezept mit Spitzwegerich, das ich Ihnen keinesfalls vorenthalten möchte. Schneiden Sie Spitzwegerichblätter nach dem Waschen klein und legen Sie einen Teil davon in einen Steintopf. Dann geben Sie eine Lage braunen Kandiszucker darauf, anschließend wieder Spitzwegerichblätter – immer abwechselnd, bis der Topf zu drei Viertel voll ist. Legen Sie ein Tellerchen darauf und beschweren Sie den Topf mit einem Stein. Anschließend kleben Sie Folie drauf, verschließen alles luftdicht und vergraben den Topf im Boden. Drei Monate später hat sich der Spitzwegerich mit dem Kandiszucker vermischt. Geben Sie dann bei Bedarf einen Esslöffel davon in eine große Tasse Hustentee.

Breitwegerich (Plantago major)

Löwenzahn – das gesunde Gelb der Wiese

Bevor Sie das erste Mal im Frühjahr mähen müssen, sollten Sie sich den Löwenzahn holen. Für Erwachsene mit Leber- und Gallenbeschwerden eignen sich die Stängel des Löwenzahns bzw. die darin enthaltene Milch (Achtung: für Kinder giftig) mit ihren Bitterstoffen.

Löwenzahn (Taraxacum officinale)

Gallengries und kleine Steine können aufgelöst oder abtransportiert werden.

Sie sollten vor allem die jungen Löwenzahnblätter sammeln. Waschen Sie die Löwenzahnblätter und legen Sie sie dann eine Stunde vor dem Essen in die Salatsoße. Auf diese Weise reinigen Sie Ihr Blut und fördern gleichzeitig die Blutbildung.

Und hier noch ein Tipp von mir
Die beste Zeit zum Sammeln von Kräutern ist der Vormittag. Zu dieser Zeit enthalten die Blätter und Blüten die gesunden ätherischen Öle. Am Nachmittag ziehen sich die ätherischen Öle zurück und bilden sich in der Nacht neu.

Mit Löwenzahn gegen Husten

Aus den Löwenzahnblüten kann man einen sehr guten Hustenhonig herstellen. Hier das Rezept: Geben Sie viele Löwenzahnblüten – gewaschen – in eine Topf, füllen diesen mit Wasser auf, lassen Sie alles bedeckt über Nacht ziehen. Am nächsten Morgen kochen Sie die Mischung eine Stunde lang und lassen sie anschließend wiederum über Nacht stehen.

Am nächsten Tag seihen Sie die Blüten ab. Geben Sie pro Liter Flüssigkeit 400 Gramm Kandiszucker in den Sud und lassen Sie alles vier bis fünf Stunden köcheln –

ohne Deckel, damit das Wasser verdampft. Passen Sie auf, dass der Sud nicht zu fest und nicht zu flüssig wird. Dann füllen Sie die Masse noch heiß in Gläser und heben den Löwenzahnhonig für die Erkältungszeit auf.

Und hier noch ein Tipp von mir
Löwenzahnstiele können Sie in Plastiktüten einfrieren. Dann haben Sie auch im Winter ein Heilmittel für Gallebeschwerden.

Schlafen Sie gut?

Oft stehen wir vor einem Rätsel, warum wir nicht oder nur schlecht schlafen können. Es gibt viele Gründe dafür. Als erstes sollten Sie durch einen guten Wünschelrutengänger Ihren Bettplatz abruten lassen, gegebenenfalls noch durch einen Zweiten. Sie können damit auch einer Krebsgefahr entgegenwirken. Es gibt aber keine Geräte, die wirksam abschirmen können. Am sichersten ist ein Platzwechsel. Im Sommer kann man sich einen Labkrautkranz winden und unter das Bett legen. Das Wirksamste ist das gelbe Labkraut. Da es das seltener gibt, nehme ich auch das weiße Labkraut.

Bitte achten Sie auch immer auf Wasseradern, Kreuzungen, globale Gitterzonen, Hartmannzonen, Magnetfelder. Zu beachten ist auch, dass Sie keinen Spiegel in Ihrem Schlafzimmer haben. Er muss heraus oder zugehängt werden, denn er enthält Quecksilber. Ferner stellen Radio, Radiowecker, Fernsehapparat, überhaupt alle Elektrogeräte eine große Gefahr dar.

Es gibt Menschen, denen es nichts ausmacht, wo sie auch liegen. Doch es gibt immer mehr, die krank werden und Angst vor dem Schlafzimmer haben. Ich bitte Sie, nehmen Sie das ernst. In früheren Zeiten hat man erst abgerutet, ehe ein Haus gebaut wurde.

Die Brennnessel – Königin der Heilkräuter

Als eine der ersten Pflanzen im Frühjahr findet man die Brennnessel. Von den Menschen ist sie nicht sehr geschätzt, da sie – um ihrem Namen Ehre zu machen – beim Pflücken doch erheblich brennen kann. Doch wie so oft kommt es auch hier auf das „Gewusst wie" an: Richtig angefasst, nämlich unten am Stil, kann Ihnen nichts passieren. Und selbst wenn Sie beim Pflücken ein Brennen verspüren, beißen Sie die Zähne aufeinander, denn auch das Brennen hat eine gesunde Wirkung auf die Fingergelenke.

Brennnessel (Urtica dioica)

Die Brennnessel enthält Calcium, Magnesium, Eisen, Phosphor, Vitamin C, Histamin (natürliches Gewebshormon) und natürlich viel Chlorophyll. Mit diesen Inhaltsstoffen wirkt die Brennnessel blutreinigend, -bildend und -verdünnend. Sie hilft bei Gicht, Rheuma, Gelenkschmerzen und -entzündungen, bei Magen- und Darmproblemen sowie bei Harnwegsentzündungen.

In der Brennnessel findet man
Calcium
Magnesium
Eisen
Phosphor
Vitamin C
Histamin
Chlorophyll

Im Frühjahr sollten Sie die kleinen und jungen Blätter zupfen und waschen. Brechen Sie dabei immer die Spitzchen, so dass aus den Achseln der Pflanze neue Triebe wachsen können. Die gewaschenen Blättchen überbrühen Sie mit heißem Wasser, lassen den Tee einige Minuten ziehen, seihen die Blättchen ab und trinken ihn dann. Auf diese Weise können Sie alle Ablagerungen aus den Gelenken ausschwemmen. Außerdem wirkt der Tee auch entwässernd und blut-

Und hier noch ein Tipp von mir
Sie können Brennnesselsamen trocknen und als Gewürz für den Winter aufheben.

bildend. Doch trinken Sie ihn bitte nicht länger als drei Wochen. Das wäre schlecht für Nieren und Harnleiter.

Die Blätter gegen Trigeminusschmerzen

Auch bei Trigeminusneuralgie hilft die Brennnessel. Nach dem Kochen (fünf Minuten) nehmen Sie die Blätter aus dem Wasser, verteilen Sie sie noch heiß auf ein kleines Tuch und machen dann damit Auflagen – so heiß, wie es nur geht. Nach zirka 20 Minuten, wenn die Auflage abgekühlt ist, entfernen Sie sie und reiben die Gesichtshälfte mit Johanniskrautöl (siehe Seite 50) ein.

Gut für den ganzen Organismus ist der Brennnesselschnaps. Geben Sie frische, gewaschene Brennnesselblätter und eventuell auch die geputzte, gewaschene sowie kleingeschnittene Brennnesselwurzel in klaren Schnaps, beispielsweise Obstler. Mit nur einem Likörglas voll reinigen Sie Magen und Darm.

Für eine volle Haarpracht

Nehmen Sie die Brennnesseln mit den Stielen, schneiden Sie sie klein und kochen Sie alles kurz (mindestens fünf Minuten) in Wasser. Dann lassen Sie den Sud noch einige Stunden ziehen. Bevor Sie ins Bett gehen, seihen Sie den Sud ab und massieren Sie diesen gut in die Kopfhaut ein. Die Wirkung verstärkt sich, wenn Sie die Haare auch am nächsten Tag noch nicht waschen.

Und hier noch ein Tipp von mir
Wenn Sie statt frischen Kräutern getrocknete für einen Tee verwenden, so benötigen sie nur ein Drittel der Menge. Denn in den getrockneten Kräutern liegen die gesunden Inhaltsstoffe in konzentrierter Form vor.

Die Birke – gut für den ganzen Körper

Wenn die ersten Birken im Frühsommer blühen, sollten Sie die jungen Birkenblätter von den dünnen Ästen abstreifen. Keine Angst – schon nach sechs Wochen trägt die Birke neue Blätter. Jetzt sind die Blätter noch sauber und nahezu frei von Umweltschadstoffen. Sie enthalten Bitterstoffe, Kalium, Calcium, Magnesium, Phosphor, Natrium, Eisen, Jod und viele ätherische Öle. Sie wirken entwässernd, ohne die Nieren zu belasten und schwemmen Ablagerungen aus den Gelenken, vor allem bei Gicht und Rheuma.

Schneiden Sie die Blätter klein, geben Sie sie in einen Topf und gießen sie mit kochendem Wasser auf. Lassen Sie den Sud zehn Minuten lang ziehen. Dann gießen Sie die Blätter ab und trinken über den Tag verteilt einen Liter dieses Tees. Das ist gut für die Galle, schwemmt Ablagerungen in den Gelenken aus, reinigt und verdünnt das Blut, reinigt die Nieren und unterstützt Sie auch beim Abnehmen.

Birke (Betula pendula)

Und hier noch ein Tipp von mir
Rösten Sie doch einmal Birkenblätter in Butter oder Distelöl (Vitamin E). Mit etwas Kräutersalz gewürzt, schmecken sie wie Weihrauch.

Sie können die frischen Blätter auch quetschen und bei Gicht und Rheuma die schmerzenden Gelenke über Nacht damit einwickeln. Die Beschwerden werden schnell nachlassen.

Birkenwasser für schöne Haare

Birkenblätter sind auch für Ihre Haare gut. Verwenden Sie Sud oder Tee aus Birkenblättern für die letzte Haarwäsche, das verleiht Ihren Haaren schönen Glanz. Auch das

Birkenwasser kräftigt Ihre Haare: Bohren Sie den Birkenstamm ein, stecken Sie ein kleines Röhrchen in das Loch und hängen Sie ein Gefäß daran. So können Sie Birkenwasser abzapfen, das schadet der Birke nicht. Danach stecken Sie wieder ein kleines Hölzchen in das Loch, damit die Birke nicht ausblutet. Massieren Sie das Birkenwasser in die Kopfhaut ein und lassen Sie es über Nacht gut einwirken. Auch am nächsten Tag muss das Birkenwasser nicht ausgewaschen werden.

Wenn man das Birkenwasser trinkt, werden bei Gicht und Rheuma die Ablagerungen in den Gelenken ausgeschwemmt. Es sollte bei Patienten mit diesen Beschwerden nie ausgehen.

In den Birkenblättern findet man

Bittterstoffe
Kalium
Calcium
Magnesium
Phosphor
Natrium
Eisen
Jod
Ätherische Öle

Die Fichte – Honig gegen Husten

Unter den Koniferen besitzen die Fichten die aromatischsten Triebe. Haben Sie kein schlechtes Gewissen, wenn Sie sich einige junge Fichtenzweige im Wald holen. Der Förster hat mit Sicherheit nichts dagegen. Die hellgrünen, weichen Fichtennadeln enthalten eine große Menge ätherischer Öle. Ich mache daraus einen sehr heilsamen Fichtensirup – das beste Hustenmittel, das man sich denken kann. Geben Sie die Fichtenspitzen in einen Topf und füllen Sie mit kaltem Wasser auf, so dass die Fichtenspitzen voll bedeckt sind. Lassen Sie alles über Nacht stehen. Am nächsten Tag kochen Sie die Mischung eine Stunde lang. Dann lässt man sie noch einmal über Nacht stehen.

Fichte (Picea)

Am nächsten Tag drücken Sie die Masse durch ein Tuch ganz fest aus, so wie rohen Kartoffelknödelteig. Einen Liter des milchigen Safts verrühren Sie jetzt mit 400 Gramm braunem Kandiszucker, lassen alles vier bis sechs Stunden köcheln, bis die Mischung dickflüssig ist. Noch heiß füllen Sie den Sirup in Gläser, die Sie, wenn der Sirup nicht mehr dampft, fest verschließen. So hält sich der Honig viele Jahre.

Ruhe für die Nerven

Mit den ausgepressten Fichtenspitzen kann man auch noch etwas Gutes für die Nerven tun. Geben Sie sie in einen Topf, lassen Sie sie zehn Minuten lang kochen und anschließend einige Stunden ziehen. Dann schütten Sie die Fichtenspitzen ab und geben die Flüssigkeit ins Badewasser. Das ergibt ein wunderschönes, beruhigendes Nervenbad.

Der Beinwell – gegen müde Gelenke und müde Beine

Bei uns hier am Loisachdamm wachsen die schönsten und besten Heilkräuter – und das ungedüngt. Zu diesen heilsamen Kräutern gehört der Beinwell, der auch Beinwurz genannt wird. Er zählt zu den Borretschgewächsen, zum sogenannten Gurkenkraut. Im Unterschied zum Borretsch, dessen Blüten die Form blauer Sterne haben, hat der Beinwell rötliche oder lila Glöckchen.

Der Beinwell ist gut für ...

Schon der Name dieses Heilkrauts – Beinwell – deutet auf seine Wirkung hin: Er ist gut für die Beine und die Knochen. Er fördert die Kallusbildung und trägt somit zur Heilung von beispielsweise Knochenbrüchen oder Gelenkverletzungen bei. Außerdem hilft er bei Durchblutungsstörungen.

Was kann man mit Beinwell machen?

Sie können den Beinwellstock ausgraben und die schwarze, innen weiße Wurzel abbrechen. Waschen Sie die Wurzel und quetschen Sie sie frisch. Legen Sie die gequetschte Wurzel auf Bruchstellen und fixieren Sie sie mit einer Binde. Lassen Sie die Wurzel solange auf der Bruchstelle liegen, bis alles trocken ist. Dadurch heilt der Bruch viel schneller. Zusätzlich zur äußeren Anwendung der Beinwellwurzel können Sie bei Knochenbrüchen auch von innen noch etwas tun. Essen Sie täglich drei rohe Karotten mit etwas Sahne oder Öl vermischt, dann heilt der Bruch umso schneller.

Und hier noch ein Tipp von mir
Schneiden Sie die gesäuberte Wurzel klein, trocknen Sie sie in einer Dörre oder im Backofen und drehen Sie die Wurzelstücke durch die Kaffeemühle. Essen Sie täglich etwas von der gemahlenen Wurzel, das hilft gegen Osteoporose.

Doch auch die Beinwellblätter verarbeite ich. Wenn ich beispielsweise Gelenkprobleme habe, dann mache ich die Blätter mit dem Nudelholz saftig. Wenn die Blätter schön saftig sind, dann legen Sie sie über Nacht auf das schmerzende Gelenk. Sollte die Haut am nächsten Tag auf Grund der Härchen, die auf den Beinwellblättern sitzen, wirk-

Beinwell (Symphytum officinale)

lich brennen, dann geben Sie Ringelblumensalbe oder Schweinefett auf die brennende Stelle.

Auch die Beinwellblüten sind sehr hilfreich. Versuchen Sie bei einem Schnapsbrenner reinen Alkohol zu bekommen. Dann gießen Sie die Blüten damit auf und stellen Sie die Flasche sechs Wochen in die Sonne. So haben Sie ein hervorragendes Mittel zur Einreibung bei Gelenkproblemen und nach Brüchen.

Ich sammle jetzt im ganzen Sommer die Blätter und trockne sie im Schatten. Sie brauchen sie ganz sicher im Winter. Wenn Sie kalte Füße oder Hände haben, unter Durchblutungsstörungen leiden, dann kochen Sie sich einen Sud von Beinwellblätter (zwei Hände voll). Es braucht gar nicht viel sein. Machen Sie Fußbäder. Aber ACHTUNG! Wer Venenprobleme hat, darf nicht zu heiß baden. Sie können das gleiche Bad ein paar Tage lang immer wieder benutzen.

Gurken sind Schlankmacher

Gurken (CMA)

Gurken kennt man bei uns eigentlich nur als Salat. Doch kaum jemand weiß, dass im Gurkenwasser, das man beim Salat meist ja verwirft, wertvolle Stoffe enthalten sind, nämlich Elektrolyte und natürliches Insulin. Für das Gurkenwasser brauchen Sie natürlich eine Gurke, aber bitte mit der Schale. Achten Sie darauf, dass Sie nur unbehandelte Gurken verwenden. Reiben Sie die Gurke mit einem Reibeisen in ein Sieb oder ein Tuch. Jetzt pressen Sie den Saft aus dem Fruchtfleisch. Trinken Sie ein oder zwei Wochen lang jeden Tag ein Glas Gurkensaft. Damit erhält Ihr Körper alle gesunden Wirkstoffe und wird dabei auch noch entschlackt und entwässert.

Und hier noch ein Tipp von mir
Auch als Schönheitsmittel ist die Gurke bekannt, und zwar schon seit sehr langer Zeit. Legen Sie nach einer gründlichen Reinigung frische Gurkenscheiben auf Ihr Gesicht, so dass der Saft der Gurke gut in die Haut einziehen kann. Gönnen Sie sich 20 Minuten Ruhe und entfernen Sie dann die Gurkenscheiben. Das Gesicht nicht abtrocknen, sondern nur leicht abtupfen. Die Fältchen sind deutlich zurückgegangen.

Schafgarbe hilft heilen

Die Schafgarbe hilft eigentlich bei allen Beschwerden: vor und nach Operationen, vor der Entbindung, bei Magen- und Darmproblemen, Hämorrhoiden, und ganz besonders bei Blasenschwäche. Man kann die Schafgarbe während des ganzen Sommers ernten – von Juni bis Oktober. Ich verwende die ganze Pflanze. Jedoch schneide ich sie mit dem Messer eine Handbreit über dem Boden ab, damit die Wurzel im Boden bleibt.

Bei Frischoperierten beschleunigt Schafgarbe den Heilungsprozess.

Schafgarbe (Achillea millefolium)

Und hier noch ein Tipp von mir
Gegen Hämorrhoiden hilft meine Schafgarbensalbe. Dazu mischen Sie Schafgarben- und Himbeerblätter sowie Ringelblumen zu gleichen Teilen. Von der Mischung geben Sie eine Hand voll in flüssiges Schweinefett, das Sie einige Male aufkochen lassen. Dann stellen Sie das Fett mit den Kräutern weg. Nach drei Tagen erwärmen Sie es erneut, drücken die Salbe durch ein Tuch und füllen sie in kleine Gefäße. Die Salbe können Sie im Kühlschrank aufbewahren.

Getrocknete Blüten und Blätter werden durch ein Sieb gestrichen, um Pulver zu erhalten. Geben Sie einen Teelöffel in ein Glas Wasser, umrühren und lassen Sie den Patienten dies austrinken. Nach drei bis vier Tagen kann man schließlich statt Wasser Sekt oder Wein nehmen. Das schmeckt besser und hilft auch, dass sich der Patient schneller von der Operation erholt.

Tinktur gegen Verdauungsbeschwerden

Bei Magen- und Darmproblemen hilft meine Schafgarbentinktur. Dazu schneidet man frische Schafgarbe klein, gibt sie in ein Glasgefäß, das man dann mit Obstler oder anderem klaren Schnaps auffüllt. Stellen Sie das Gefäß sechs Wochen lang in die Sonne oder Wärme. Ab und zu müssen Sie die Flüssigkeit umrühren oder schütteln. Bei Magen- und Darmbeschwerden trinken Sie ein Likörglas.

Mein Kräuterkissen

Alles, was Sie nun gesammelt und gesondert getrocknet haben, wird gut in Papiertaschen oder Leinensäckchen aufbewahrt. Bestimmte Kräuter haben aber ein besonderes Aroma und entsprechende ätherische Öle.

Nehmen Sie jeweils eine Hand voll von Storchenschnabel, Johanniskraut, schwarzen Johannisbeerblättern, Wiesengeißbart (Mädesüß), Schafgarbe, Birke, Hollerblüten, Salbei, Walnussblättern, Labkraut, Huflattichblättern und Zitronenmelisse. Zerkleinern Sie alles, mischen es gut, und stopfen Sie alles in ein dichtes Leinen- oder Baumwollkissen, das Sie dann zunähen.

Ich bin sicher, Sie finden bei diesen Düften der ätherischen Öle den entsprechenden Schlaf. Zumindest für Ihre Atmung und Lunge ist es wohltuend und heilsam.

Der Walnussbaum – Stütze für das Gedächtnis

Eigentlich profitieren wir vom ganzen Walnussbaum. Am bekanntesten sind jedoch die Nüsse. Sie sind im Herbst reif und fallen dann vom Baum. Doch schon aus den grünen Nüssen – sie können bei uns Anfang Juli gepflückt werden – kann man einen guten Magenbitter herstellen: Geben Sie 20 grüne, kleingeschnittene Nüsse in ein Einmachglas. Dazu kommen eine Hand voll gequetschte Wacholderbeeren (gut für den Magen), fünf bis sechs Nelken (für einen ruhigen Schlaf) und zwei Stangen Zimt (fördert die Potenz). Das Ganze füllen Sie mit klarem Schnaps auf. Stellen Sie das Glas mindestens sechs Wochen in die Sonne. Ab und zu schütteln! Wenn die Flüssigkeit schwarz ist, können Sie die Tinktur verwenden. Sie ist ein hervorragender Magenbitter. Trinken Sie bei Magenproblemen ein Likörglas.

Walnussbaum (Juglans regia)

Auch die eingelegten Nussscheiben sind eine Delikatesse. Mit etwas Honig darauf schmecken sie bestens zu Rotwein, Wild oder Sauerbraten. Damit tun Sie auch für Ihren Magen, Darm und Ihre Leber etwas Gutes.

Die Nuss für das Gehirn

Die reife Walnuss hat die Form des menschlichen Gehirns. Das bedeutet, dass sie gut ist für unser Gedächtnis. Machen Sie im Herbst doch einmal eine Walnusskur. Beginnen Sie mit einer Walnuss am Tag, steigern Sie dann täglich die Menge, bis Sie bei 25 Walnüssen am Tag angelangt sind. Dann reduzieren Sie die Menge täglich wieder um eine Nuss. Mit dieser Kur tun Sie

Und hier noch ein Tipp von mir
Walnüsse sind sehr gehaltvoll. Deshalb sollten Sie während der Walnusskur andere „Schleckereien“ etwas reduzieren.

etwas für Ihr Gedächtnis und für Ihren ganzen Körper.

Walnussblätter gegen Fußschweiß

Aus Walnussblättern kann man einen gesunden Tee bereiten, der vor allem bei Leberentzündungen und auch bei Wurmbefall gut wirkt. Deshalb sind Walnussblätter auch im 6er-Tee enthalten.

Die Blätter eignen sich als Sudbäder auch bei Fußschweiß, Akne, Allergien und Schuppenflechte. Dazu kocht man die Walnussblätter mindestens 20 Minuten lang. Mit dem Sud reibt man die Füße bzw. die befallenen Hautregionen ein.

Bio-Magenbitter

Jeder von Ihnen kennt das sicher: Nach einem guten Essen fühlt man sich unbehaglich. Man verspürt einen Druck im Magen und wird von Aufstoßen und Sodbrennen gequält. Das Essen war halt schon wieder einmal zu fett und man hat wieder viel zu viel gegessen.

Hier hilft Ihnen mein Bio-Magenbitter. Er bedeutet für den Magen eine wertvolle Verdauungshilfe, die Sie immer nach einem zu reichhaltigen Essen zu sich nehmen sollten.

Der Bio-Magenbitter enthält Traubenwein (81,3%), Extrakte aus Walnüssen (11,9%), Wacholderbeeren (2%), Nelken (1,5%), Zimt (1%) sowie Wermut (1%) und natürlich Öko-Bienenhonig. Er hilft nicht nur nach fettem und reichhaltigem Essen, sondern schmeckt auch noch sehr gut. Der Bio-Magenbitter sollte zu Hause nie ausgehen.

Kürbis, das Herbstgemüse

Ursprünglich kommt der Kürbis aus Amerika. Im 16. Jahrhundert entdeckte Kolumbus das Gemüse, das zur Familie der Gurkengewächse zählt, bei den Indianern und brachte es mit nach Europa. Inzwischen gibt es beim Kürbis viele verschiedene Züchtungen, die aber gleich hochwertig und gut sind.

Und hier noch ein Tipp von mir
Machen Sie doch einmal eine Kürbiskur. Essen Sie jeden Tag zwei bis drei Pfund Kürbis als Suppe, als Gemüse oder als Brei (Rezepte Seite 60).

Der Kürbis enthält viel Beta-Karotin, Natrium, Kalium, Calcium, Schwefel, Phosphor, Vitamin C. Er besteht zu 95% aus Wasser, daher ist er sehr kalorienarm.

Früher gehörte der Kürbis zu den sehr preiswerten Lebensmitteln. Deshalb wurde er lange Zeit auch als sogenanntes „Arme-Leute-Gericht" bezeichnet. Aber inzwischen ist er in Mode gekommen und wird als ganz hochwertig eingestuft.

Im Kürbis findet man
Beta-Karotin
Natrium
Kalium
Calcium
Schwefel
Phosphor
Vitamin C
Wasser (95%)

Nicht nur zum Abnehmen

Wegen des hohen Wassergehalts eignen sich Kürbisgerichte sehr gut zum Abnehmen. Der Kürbis entwässert stark, aber schonend. Außerdem ist er gut bei Herz- und Nierenleiden.

Kürbiskerne sind ein hervorragendes Mittel bei Prostataproblemen. Kauen Sie Kürbiskerne – eventuell anrösten – so oft Sie können. Das kaltgepresste Kürbiskernöl enthält auch alle wichtigen Wirkstoffe. Es ist zwar etwas teurer als anderes Öl, aber diese Mehrausgabe lohnt sich. Mit dem Öl verleihen Sie allen Salaten noch zusätzliche gesunde Kraft.

Esskastanien – harte Schale, guter Kern

Mittlerweile gibt es frische Esskastanien (Maroni) während des ganzen Winters. Im Frühjahr und im Sommer kann man sie als Mehl, eingeweckt oder auch eingefroren kaufen.

Schon *Hildegard von Bingen* hat vor über 1000 Jahren die wertvollen Inhaltsstoffe der Esskastanie geschätzt: viel Vitamin C, Kalium, Flavonoide, Saponine, Vitamin B1 und B6 sowie viel natürlicher Zucker. Doch auch Diabetiker können Maroni bedenkenlos essen. Sie können ihre Süßspeisen mit Kastanienmehl oder gekochten gequetschten Kastanien versüßen.

Bei Leber- ...

Wer Probleme mit der Leber hat, sollte auch auf Esskastanien zurückgreifen. Schneiden Sie die Kastanien über Kreuz ein, kochen Sie sie fünf bis zehn Minuten, dann sind sie wunderschön weich. Schälen Sie die Maroni ab und geben Sie sie zusammen mit einem Teelöffel Honig in den Mörser. Vermischen Sie alles miteinander und essen Sie pro Tag zwei bis drei Teelöffel davon. Bereiten Sie sich diese Mischung immer frisch zu.

In der Esskastanie findet man
Vitamin C
Vitamin B1
Vitamin B2
Kalium
Flavonoide
Saponine
Zucker

... Verdauungs- ...

Auch bei Verdauungsproblemen helfen Esskastanien. Dies ist ein Grund dafür, dass man Esskastanien zu verschiedenen Speisen als Beilage reicht, beispielsweise zu Wild, Sauerbraten und Gans, die ja bekanntlich sehr schwer verdaulich ist. Bei Beschwerden der Darmschleimhaut und zum Aufbau der Darmflora eignen sich Esskastanien ebenfalls.

... und Nierenbeschwerden

Hier ein gesunder Rohkostsalat, mit dem sich Nierenprobleme bekämpfen lassen: Schneiden Sie Sellerie, Gelbe Rüben und Zwiebeln klein. Vermischen Sie das Gemüse mit dem Saft einer Zitrone, einigen Teelöffeln Honig und rohen

Esskastanien. Essen Sie täglich eine viertel Stunde vor der Hauptmahlzeit ein Schälchen davon. Schon bald werden Ihre Nierenprobleme der Vergangenheit angehören.

Und jetzt habe ich noch einen Tee aus Esskastanienblättern für Sie. Hierfür kann man frische oder getrocknete Blätter verwenden, die man mit kaltem Wasser ansetzt. Erhitzen Sie den Sud bis zum Kochen, seihen Sie ihn ab. Trinken Sie bei Bronchitis, Keuchhusten, Asthma, überhaupt bei allen Atemwegsproblemen zwei bis drei Tassen Tee täglich.

Johanniskraut – das alte, moderne Heilkraut

Das Johanniskraut ist um den 24. Juni – Johannis – voll erblüht. Daher hat es auch seinen Namen. Es ist nicht leicht zu finden: Das Johanniskraut wächst nur auf kargem, nicht gedüngtem Boden. Suchen Sie an Bahndämmen, Waldrändern, Flussböschungen.

Oft wird das Johanniskraut mit der Goldrute oder dem Gilbweiderich verwechselt. Aber es gibt große Unterschiede: Zerdrückt man eine Knospe des Johanniskrauts, kommt rotbrauner Saft heraus. Wenn man ein Blättchen in die Sonne oder ins Licht hält, sieht man winzige Löcher wie mit einer Nadel durchstochen.

Johanniskraut (Hypericum perforatum)

Die Knospen, offenen Blüten und die feinen jüngeren Blättchen enthalten viele ätherische Öle. Sehr bekannt ist wohl das Johanniskrautöl. Dazu geben Sie die Knospen in den Mörser und zerstoßen sie mit dem Stößel. Dann füllen Sie ein weithalsiges Glas etwa zu einem Drittel mit den gequetschten Knospen und geben reines Olivenöl dazu. Jetzt stellen Sie das verschlossene Gefäß sechs Wochen in die Sonne bzw. Wärme. Dann können Sie den Inhalt verwenden.

Eine Pflanze – viele Möglichkeiten

Johanniskrautöl ist sehr vielseitig. Es hilft bei Sonnenbrand. Bei Halsentzündungen oder Angina sollte man einen Teelöffel schlucken, am besten abends, so kann es über Nacht wirken. Auch bei Magenbeschwerden wirkt Johanniskrautöl. Äußerlich hilft es auch bei frischen Verletzungen, nach allen Waschungen und Bädern bei Ausschlägen, Geschwüren, Schuppenflechten und Akne. Wer unter Blähungen leidet, sollte ein heißes Bad nehmen, anschließend Ober- und Unterbauch leicht mit Öl einmassieren. Dies hat sich auch bei Säuglingen bewährt. Wenn Kinder nicht schlafen können, z.B. wegen Schul- oder Prüfungsangst, hilft ein Kräuterbad mit Lindenblüten oder mit Johannisstrunk. Anschließend reibt man das Kind mit angewärmten Johanniskrautöl ein. Ischiasschmerzen verschwinden, wenn man über längere Zeit Bäder mit Johanniskrautöl macht. Gehen Sie bitte nach dem Bad sofort in das vorgewärmte Bett.

Gequetschte Knospen kann man zusammen mit den feinen Blättchen in klarem Schnaps, beispielsweise Obstler, ansetzen. Die Flasche stellt man sechs Wochen in die Sonne oder Wärme. Schütteln nicht vergessen! Dann seiht man die Knospen ab. Die Tinktur hilft auch bei Verletzungen.

Für Johanniskrauttee – ein beliebtes und gesundes Getränk für die Nerven – zupfe ich Blüten und Blätter ab und trockne sie im Schatten. Sie können aber auch das frische Kraut verwenden, dann jedoch die dreifache Menge des getrockneten. Geben Sie das kleingeschnittene Kraut in einen Topf, gießen Sie kochendes Wasser darüber und lassen Sie den Tee zehn Minuten ziehen. Trinken Sie einen Liter am Tag.

Rote Färbung des Johanniskrauts

Und hier noch ein Tipp von mir
Die Wirksamkeit des Johanniskrauttees wird verstärkt, wenn man Zitronenmelisse und Baldrianwurzel beimischt – alles zu gleichen Teilen.

Quitte – die letzte Frucht des Jahres

Die Quitte ist mit Apfel und Birne verwandt. Sie ist die letzte Frucht im Jahr und sehr gesund. Roh kann man sie jedoch nicht essen, da sie sehr hart ist. Die Frucht besteht zu 85% aus Wasser, enthält außerdem noch Vitamin C, Kupfer, Kalium, Pektine und Gerbstoffe. Letztere haben eine adstringierende – zusammenziehende – Wirkung und trainieren auf diese Weise unsere Darmmuskulatur – eine wegen unserer oft ungesunden Ernährung notwendige Eigenschaft.

In der Quitte findet man
Wasser (85%)
Vitamin C
Kupfer
Kalium
Pektine
Gerbstoffe

Die meisten von Ihnen kennen die Quitte wahrscheinlich nur als Marmelade oder Gelee. Doch man kann die Quitte auch noch anders verwerten. Ich schäle die Quitte ab und trockne die Schale für Tee. Dieser Tee räumt mit den Giften im Körper auf, besonders bei Gicht. Einen Teil von der Quitte schneide ich zusammen mit der Schale in kleine Stifte, gebe diese in ein Glas und fülle mit Honig auf. Ein Esslöffel davon hilft bei Magenproblemen. Oder Sie geben einen Teelöffel davon in den Tee aus Quittenschalen, was die Wirkung verstärkt.

Sie können das zerkleinerte Fruchtfleisch der Quitte in ein Gefäß geben und mit Obstler begießen. Stellen Sie die Mischung acht Wochen in die Wärme, am besten in die Sonne. Trinken Sie ein Likörglas, wenn Sie Magenbeschwerden oder ein „komisches Gefühl im Magen“ haben.

Die Kerne der Quitte dürfen Sie nicht wegschmeißen. Zerdrücken Sie sie im Mörser. Anschließend kochen Sie die Kerne mit etwas Wasser, bis eine dickliche Masse entsteht. Bei entzündeter Mundschleimhaut oder Magen- und Kehlkopfproblemen sollten Sie einen halben Teelöffel der Kerne vor dem Schlafengehen schlucken. Den heilenden Effekt werden Sie am nächsten Morgen bemerken.

Und hier noch ein Tipp von mir
Damit Sie das ganze Jahr Quitten haben, schneiden Sie die Frucht in kleine Scheiben und trocknen sie in der Dörre oder im Backofen. Sie können die Scheiben auch kochen und einfrieren.

Gesunde Schmankerl – hier ist für jeden etwas dabei

Wie in meinem Buch *„Der Wildkräutergang mit Eva Aschenbrenner durch's Jahr"* möchte ich Ihnen auch in diesem Buch Anregungen geben, wie Sie Ihren Küchenzettel hauptsächlich mit vegetarischen Gerichten bereichern können. Erwarten Sie aber bitte jetzt kein Kochbuch mit exakten Mengenangaben. Auf die habe ich meist verzichtet, schließlich ist jeder Geschmack anders, und deshalb können Sie ganz alleine entscheiden, ob Sie von dem einen Gewürz ein bisserl mehr, von dem anderen aber ein bisserl weniger nehmen.

In diesem Zusammenhang habe ich noch eine große Bitte an Sie: Würzen Sie Ihre Speisen mit unseren heimischen Gewürzen. Scharfe Gewürze beispielsweise aus Asien gehören auch in diese Länder. Die dort lebenden Menschen haben einen anderen Stoffwechsel und

können diese scharfen Gewürze viel besser vertragen. Nach meiner Erfahrung sollte man folgende Gewürze immer im Haus haben:

- Senf für die Leber,
- Meerrettich gegen hohe Cholesterinwerte,
- Bärlauch statt Knoblauch, da er höher konzentrierte Inhaltsstoffe hat,
- Kräutersalz, der Körper braucht Salz, aber nicht zu viel und
- Kräuteressig,
- Dinkelmehl, das darf in der Küche nie ausgehen; Dinkel ist das Urkorn, von dem alles Leben ausgeht.

So, nun lassen Sie es sich gut schmecken, und denken Sie daran: Die Natur deckt für uns den gesündesten und abwechslungsreichsten Tisch. Wenn Sie meine Ratschläge befolgen, dann können Sie viele Krankheiten bereits im Keim ersticken.

Gefüllte gedünstete Zwiebeln

Das Jahr beginnt im Winter, deshalb fange ich auch mit dem Wintergemüse an. Ich bin der Meinung, unser Körper braucht um diese Zeit weder Tomaten noch Gurken, schon gar keine Bohnen. Unseren Vitaminbedarf decken wir eben mit Gemüse, das im Herbst geerntet wurde. Generell behaupte ich, dass es nicht gut ist, nur rohes Gemüse zu essen. Die Gefahr, dass man auf diese Weise Pestizide und Schädlinge bzw. deren Eier mit aufnimmt, ist sehr groß. Ich möchte Sie bitten, wenigstens die „verschnörkelten" Sorten (Brokkoli, Blumenkohl) zu blanchieren

Die Zwiebel ist die Urkraft des Lebens. Hier habe ich ein sehr schmackhaftes und kräftigendes Rezept.

Das brauchen Sie

Weiße oder rote Zwiebeln
Reis oder Hirse
Meerrettich
Senf
Kräutersalz
Pfeffer
Muskat
Kräuter der Saison (frisch oder getrocknet)
Creme fraiche oder Schmand
Tomatenmark
Gekörnte Brühe
Distelöl

Und hier noch ein Tipp von mir

Wenn Sie den Kalk in Ihrem Körper auffüllen möchten, dann habe ich einen Geheimtipp für Sie. Sie brauchen allerdings Eierschalen von glücklichen Hühnern. Nehmen Sie ein Weck- oder Schraubglas mit einem Fassungsvermögen von 500 ml, geben fünf bis sechs Eierschalen hinein und füllen mit Obstessig auf, jedoch nicht bis ganz oben hin. Dann schrauben Sie das Glas zu. Rühren Sie ab und zu um. Nach zwei Tagen schwimmt nur noch die Haut der Eierschalen in der Flüssigkeit, der Kalk hat sich im Essig aufgelöst. Dadurch verliert der Essig auch seinen sauren Geschmack. Sie können ihn verdünnt ohne weiteres während des Essens trinken. So bilden sich keine Salze und Fette im Gewebe. Die Speise verbrennt anders, Sie werden schneller satt und tun für Ihr Herz etwas Gutes. Außerdem wird so das Blut auf natürliche Weise verdünnt. Wenn Sie den Essig über längere Zeit trinken, hilft er beim Abnehmen.

Je nach Hunger, Personenzahl und Geschmack nehmen Sie weiße oder rote Zwiebeln. Schneiden Sie die Kuppe ab und höhlen Sie die Zwiebel bis auf einen Rand von einem Zentimeter aus. Legen Sie das Ausgehöhlte zur Seite, das brauchen wir noch. Für die Füllung kann man nach Belieben Reis (Rundkorn) oder Hirse verwenden. Kochen Sie Reis oder Hirse in gekörnter Brühe, bis die Masse weich und breiig ist. Geben Sie die zerkleinerte Zwiebel sowie Gewürze – Meerrettich, etwas Senf, Pfeffer, Kräutersalz, Muskat, frische Kräuter der Saison – dazu. Vermischen Sie die Masse mit einem Ei und würzen Sie sie bei Bedarf nach. Nun füllen Sie die Zwiebeln mit Masse und setzen die Kuppe wieder auf die Zwiebel.

Streichen Sie eine Backreine oder eine Pfanne mit einem hohen Rand mit etwas Distelöl – es hat viel Vitamin E – aus und setzen Sie die Zwiebeln hinein. Anschließend vermischen Sie etwas Schmand oder Creme fraiche mit Tomatenmark und gekörnter Brühe und gießen die Soße über das Gemüse. Dann schieben Sie alles in den Backofen und lassen es nach Belieben backen.

Und hier noch ein Tipp von mir
Erleichterung und Heilung bei hartnäckigem Husten verspricht folgendes Rezept: Reiben Sie fünf rote Zwiebeln mit dem Gurkenhobel auf, geben Sie acht Esslöffel echten kandierten Honig dazu. Wenn der Honig flüssig ist, brauchen Sie davon zehn Esslöffel. Vermischen Sie es gut. Sie werden spüren, wie sich der Husten löst.

Gefüllte, im Rohr gebackene Kohlrabi

Das brauchen Sie
Nicht zu große Kohlrabi
Hirse
Zwiebel
Mais
Erbsen
Kräutersalz
Pfeffer aus der Mühle
Meerrettich
Senf
Kräuter der Saison
Ei
Essiggurke
Creme fraiche oder Schmand
Tomatenmark
Gekörnte Brühe
Distelöl

Je nach Größe der Familie nehmen Sie mehrere nicht zu große Kohlrabi. Zuerst schneiden Sie den Deckel des Kohlrabi ab, lassen die jungen Blättchen aber dran. Den restlichen Kohlrabi kochen Sie etwa 15 Minuten in etwas Salzwasser. Dann nehmen Sie ihn aus dem Wasser, lassen ihn etwas abkühlen, schälen das Gemüse und höhlen es bis auf einen Rand von 1 cm aus. Die Masse aufheben! Für die Füllung kochen Sie Speisehirse (gut für Haare und Fingernägel) in gekörnter Brühe, bis die Masse weich und breiig ist (etwa 20 Minuten). Manchmal umrühren, damit die Hirse nicht anbrennt. Die etwas abgekühlte Masse in eine Schüssel geben, dazu das zerkleinerte Innere des Kohlrabis, eine gehackte Zwiebel, Mais und Erbsen (eingefroren oder aus der Dose), würzen mit Kräutern der Saison, Pfeffer aus der Mühle, Muskat, Meerrettich, Senf und Kräutersalz. Geben Sie eventuell ein Ei und eine kleingeschnittene Essiggurke dazu. Vermischen Sie alles gut und füllen Sie die ausgehöhlten Kohlrabi damit. Setzen Sie jetzt den Deckel wieder auf. Stellen sie die gefüllten Kohlrabi in eine mit Distelöl eingeschmierte Bratpfanne. Verquirlen Sie Creme fraiche oder Schmand mit Tomatenmark und gekörnter Brühe. Übergießen Sie damit die Kohlrabi und backen Sie das Gemüse 20 Minuten im Backofen.

Und was gibt's dazu?
Zu gefüllten Kohlrabi passen Salzkartoffeln oder Kartoffelbrei.

Sellerieschnitzel

Kochen Sie eine Sellerieknolle etwa 30 Minuten (im Schnellkochtopf 15 Minuten), nehmen Sie die Knolle aus dem Wasser und lassen Sie sie abkühlen. Schneiden Sie die Knolle in Scheiben, beträufeln Sie die Scheiben auf beiden Seiten mit Zitronensaft, würzen Sie mit Kräutersalz und Pfeffer. Jetzt werden die Selleriescheiben in Dinkelmehl, in gequirltem Ei und dann beidseitig in Semmelbrösel gewendet. Erhitzen Sie in der Pfanne Distelöl – es enthält viel Vitamin E – und backen Sie die Selleriescheiben heraus. Richten Sie die Sellerieschnitzel, wenn Sie mögen, mit geriebenem Käse und gerösteten Zwiebeln an.

Das brauchen Sie
Sellerieknolle
Kräutersalz
Pfeffer aus der Mühle
Zitronensaft
Dinkelmehl
Ei
Semmelbrösel
Distelöl

Und was gibt's dazu?
Als Beilage empfehle ich in Gemüsebrühe gekochten Naturreis.

Und hier noch ein Tipp von mir
Ziehen Sie auf der Fensterbank selbst ihre Keimlinge, aus Sprießweizen, Linsenkeimlingen, Soja und auch Senfkörnern, Dinkel und Kresse. Daraus erhalten Sie Ihre Enzyme, Eiweiß und Eisen. Sie ernten so mitten im Winter Ihr Grünzeug. Das Set zum Ansetzen gibt es im Reformhaus oder im Gartencenter.

Salat von Roten Rüben (Rote Bete)

Um gesund zu bleiben, sollten Sie mindestens einmal pro Woche Gerichte oder Saft von Roten Rüben genießen. Sie enthalten Vitamin B und C, Spurenelemente, Aminosäuren, Eisen und rote Farbstoffe. Wenn möglich, nehmen Sie stets frische Knollen.

Das brauchen Sie
Frische Rote Rüben (Rote Beete)
Zwiebel
Kräuteressig (Kresse)
Meersalz
Maggi

Schneiden Sie die raue Schale und das Spitzerl ab, dann bürsten Sie die Rübe, damit alles sauber ist. Anschließend kochen Sie die Rüben gut bedeckt mit Wasser, die Brühe nicht wegschütten. Schälen Sie die Rüben ab, reiben Sie die Rüben und eine Zwiebel mit dem Gurkenhobel. Würzen Sie mit Kräuteressig, Meersalz nach Geschmack und Maggi. Gießen Sie die Brühe über die Rüben, sie bekommen durch die Säure einen besonderen Geschmack. Verwenden Sie beim Salat aus Roten Rüben kein Salatöl. Die Salatbrühe sollten Sie zum Schluss schluckweise trinken. Damit tun Sie Ihrem Blut, Ihrem Immunsystem und Ihrem niedrigen Blutdruck etwas Gutes. ACHTUNG: Bei zu hohem Blutdruck sollten Sie nicht zuviel von der Brühe trinken.

Rote Rüben (Rote Bete) roh gedünstet

Das brauchen Sie
Rote Rüben
Zwiebel
Meerrettich
Senf
Pfeffer aus der Mühle
Kräutersalz oder Meersalz
Muskat
Kräuter der Saison
Ei
Distelöl

Schälen Sie die Roten Rüben ab und reiben Sie sie mit dem groben Reibeisen. Geben Sie eine kleingeschnittene Zwiebel hinzu. Würzen Sie mit etwas Meerrettich, Senf, Pfeffer, Kräuter- oder Meersalz, etwas Muskat und Kräutern der Saison. Sie können auch etwas Sesam (Ballaststoffe) dazugeben. Vermischen Sie alles gut mit einem Ei. Aus der Masse formen Sie Plätzchen, die Sie in heißem Distelöl backen. Sie sollten nicht ganz weich gebacken werden.

Und was gibt's dazu?
Als Zugabe empfehle ich Nudeln mit geriebenem Käse.

Gebackene Kürbisschnitzel

Die wenigsten wissen, wie wichtig unser heimischer Kürbis für unsere Gesundheit ist. Dieses „Arme-Leute-Gemüse" ist wieder im Kommen. Bauen Sie Kürbis (Kompost) an oder besorgen Sie sich so viel Kürbis, dass Sie das ganze Jahr damit eingedeckt sind. Er enthält 95% Wasser – entwässert also gut –, Vitamin B, sehr viel Beta-Karotin, Natrium, Salze, Eisen, Magnesium und vieles mehr. Kürbis ist gut gegen Tumoren, bei Männern verkleinert sich die Prostata. Bei Diabetikern gleicht er zu hohe Glukosewerte aus. Bei Nierenproblemen und -entzündungen fördert er die Heilung.

Das brauchen Sie
Kürbis
Kräutersalz
Pfeffer
Muskat
Ingwerpulver
Zitronensaft
Kastanienmehl (gut für den Darm)
Distelöl
Ei
Semmelbrösel

Schneiden Sie das Kürbisfleisch in etwa 1 cm dicke Scheiben und würzen Sie es nach Geschmack mit Kräutersalz, Pfeffer, etwas Muskat, eventuell Ingwerpulver und Zitronensaft. Wer mag, wendet die Kürbisscheiben in Kastanienmehl. Dann werden die Scheiben ein paar Minuten in heißem Distelöl herausgebacken. Wer es etwas deftiger liebt, stellt aus Mehl, Ei und Semmelbröseln eine Panade her.

Und was gibt's dazu?
Als Beilage eignet sich Kartoffelbrei mit gerösteten Zwiebeln oder brauner Butter.

Kürbiscremesuppe

Kürbiscremesuppe ist eine wahre Delikatesse. Schneiden Sie das Kürbisfleisch in etwa 1 cm große Würfel, kochen Sie die Würfel in wenig Wasser weich. Pürieren sie das Fruchtfleisch und gießen Sie mit gekörnter oder Kräuterbrühe auf. Lassen Sie alles kochen, bis es sämig ist. Verfeinern Sie mit Creme fraiche, Schmand oder saurer Sahne. Kräu-

Das brauchen Sie
Kürbis
Gekörnte Brühe oder Kräuterbrühe
Creme fraiche oder Schmand oder saure Sahne
Kräutersalz
Pfeffer aus der Mühle
Zitronensaft
Senf
Meerrettich

tersalz, Pfeffer und etwas Zitronensaft runden das Ganze ab. Würzen Sie die Suppe mit Senf und/oder Meerrettich. Sie tun damit auch etwas für Ihre Leber und gegen hohe Cholesterinwerte. Geröstete Vollkornbrotwürfel geben dann ein komplettes Essen.

Und hier noch ein Tipp von mir
Wenn Sie noch Kürbis übrig haben, können Sie ihn süß-sauer einmachen oder ihn auch einfrieren. Ich blanchiere das Fruchtfleisch vor dem Einfrieren.

Pflanzerl aus altem Brot oder Brotrinde

Weichen Sie altes Brot in Milch oder Wasser ein, kneten Sie die Masse ab und zu durch. Dazu geben Sie eine kleingehackte Zwiebel, ein ganzes Ei, Kräutersalz, Pfeffer, etwas Muskat, Meerrettich und Senf. Vermischen Sie alles gut mit Wildkräutern, Petersilie und Frischkäse oder Tofu. Wenn Sie mögen, können Sie etwas Sesam als Ballaststoff dazugeben. Erhitzen Sie in einer Bratpfanne Distelöl (Vitamin E), formen Sie aus dem Teig Plätzchen, die Sie wie Kartoffelpuffer herausbacken. Ich wünsche Ihnen guten Appetit!

Und was gibt's dazu?
Zu den Brotplätzchen schmeckt hervorragend Wildkräutersalat oder Salat der Saison.

Das brauchen Sie
Altes Brot oder Brotrinde
Milch oder Wasser
Zwiebel
Ei
Kräutersalz
Pfeffer
Muskat
Meerrettich
Senf
Kräuter der Saison
Petersilie
Frischkäse oder Tofu
Sesam
Distelöl

Huflattichröllchen im Rohr gedünstet

Die starken Inhaltsstoffe verleihen den Huflattichblättern einen herben Geschmack. Sie enthalten Salpetersäure, Salze, Gerbstoffe, Pflanzensterine, Bitterstoffe – das sind alles Stoffe, die Ihrem Magen und Darm gut tun.

Das brauchen Sie

Huflattichblätter
Creme fraiche oder Schmand
Reis oder Hirse
Zwiebel
Ei
Kräuter der Saison
Kräutersalz
Pfeffer
Muskat
Distelöl
Magerjoghurt
Tomatenmark
Saure Sahne
Gekörnte Brühe
Zitronensaft
Senf
Meerrettich
Geriebener Käse

Frische große Huflattichblätter gibt es den ganzen Sommer lang. Blanchieren Sie die Blätter, legen Sie sie auf einem Brett aus und bestreichen sie mit Creme fraiche oder Schmand. Bereiten Sie eine Füllung aus gekochtem Reis oder Hirse, vermischt mit einer kleingeschnittenen Zwiebel, einem Ei, Kräutern der Saison, Kräutersalz, Pfeffer und etwas Muskat. Kneten Sie die Mischung gut durch, verteilen Sie sie auf die Blätter und formen dann Röllchen aus den gefüllten Blättern. Legen Sie die Röllchen in eine mit Distelöl ausgestrichene flache Reine oder flachen Topf. Bereiten Sie eine Soße aus Magerjoghurt, etwas Tomatenmark, eventuell saurer Sahne, etwas gekörnter Kräuterbrühe, ein paar Tropfen Zitronensaft, etwas Senf und Meerrettich. Gießen Sie die Soße über die Röllchen, bis diese ganz bedeckt sind. Abschließend können Sie noch geriebenen Käse darüberstreuen. Im vorgeheizten Backofen brauchen die Röllchen etwa 20 Minuten.

Und was gibt's dazu?

Als Zugabe zu den gefüllten Huflattichröllchen empfehle ich Kartoffelbrei.

Kartoffelschmarrn (Bröslhaber, Arme-Leute-Gericht)

Gekochte Kartoffeln vom Vortag werden geschält und mit dem groben Reibeisen aufgerieben. Dann vermischen Sie die geriebenen Kartoffeln mit Dinkelmehl. Achten Sie darauf, dass die Masse trocken ist. Geben Sie Salz nach Bedarf dazu. Lassen Sie die Masse nicht zu lange stehen, da sie sonst Feuchtigkeit zieht und zu klebrig wird. Notfalls können Sie noch etwas Mehl dazugeben. Erhitzen Sie Distelöl (Vitamin E) in einer Pfanne und geben Sie einen Teil der Kartoffelmasse, die Sie mit den Händen zerbröselt haben, in die Pfanne – nicht alles auf einmal. Drehen Sie den Schmarrn oft um, da er sonst sehr schnell schwarz wird. Er soll bröslig bleiben. Der Schmarrn braucht nicht lange, da die Kartoffeln ja gekocht sind. Geben Sie den fertigen ersten Teil in eine Wärmeschüssel in den Backofen.

Das brauchen Sie
Gekochte Kartoffeln vom Vortag
Dinkelmehl
Salz
Distelöl

Und was gibt's dazu?
Als Beilage schmeckt Sauerkraut sehr gut. Man kann auch Apfelmus oder Apfelkompott dazu essen. Vielleicht nimmt man am ersten Tag Kraut, am zweiten Apfelmus. Kinder essen das gern.

Gekochtes Sauerkraut

Das brauchen Sie

- Rohes Sauerkraut (frisch)
- Kümmel
- Wacholder
- Meer- oder Jodsalz
- Zucker
- Distelöl
- Dinkelmehl
- Zwiebel

Schon Paracelsus sagte, dass Sauerkraut ein Allheilmittel ist. Sauerkraut – roh oder gekocht – sollten vor allem Diabetiker mindestens einmal pro Woche essen. Es beugt der Verkalkung vor, hilft bei Bronchialasthma, Blutarmut (roh essen, mehrmals am Tag), Frühjahrsmüdigkeit, Gicht und Rheuma. Bei Wurmbefall sollte man Sauerkraut stets in kleinen Portionen roh essen, täglich 500 Gramm. Sauerkraut enthält pflanzliches Eiweiß, Harze, Spurenelemente, Vitamine und Milchsäure.

Ich bereite Sauerkraut sehr schmackhaft und würzig zu – auch ohne Fleisch. Kochen Sie zwei Drittel des rohen Sauerkrauts etwa 30 Minuten in Wasser, nicht zuviel, sondern nur bedeckt. Geben Sie Kümmel, etwas Wacholder, etwas Meer- oder Jodsalz und eine Prise Zucker hinzu. In der Zwischenzeit machen Sie in Distelöl (Vitamin E) mit Dinkelmehl eine Mehlschwitze. Löschen Sie wie üblich ab und gießen Sie mit dem gekochten Krautwasser auf. Achten Sie darauf, dass es nicht zu dünn, sondern sämig wird. Dann geben Sie zuerst das rohe Kraut und eine keingeschnittene Zwiebel in die Brühe. Schließlich geben Sie das gekochte Kraut hinzu.

Hirsepflanzerl

Hirse ist sehr gut für die Haare und die Fingernägel. Sie enthält unter anderem Phosphor, Kalium, Magnesium und Kieselsäure. Die

Das brauchen Sie
Hirse
Gekörnte Brühe
oder Gemüsebrühe
Zwiebel
Pfeffer aus der Mühle
Kräutersalz
Petersilie
Wildkräuter
Ei
Eventuell Kastanien-
oder Roggenmehl
Distelöl

Hirse wirkt harntreibend, baut die zerstörte Darmflora auf und reinigt das Blut. Deshalb sollten Sie mindestens zwei- bis dreimal pro Woche ein Hirsegericht auf den Tisch bringen.

Hirse wird gewaschen und mit gekörnter Brühe oder Gemüsebrühe gekocht. Sie können auch den Sud von Essiggurken nehmen, das verleiht der Hirse einen pikanten und deftigen Geschmack. Lassen Sie die Hirse etwa 10 bis 20 Minuten kochen, manchmal umrühren, damit sie nicht anbrennt. Die Hirse muss breiig werden. Lassen Sie die Hirse abkühlen, geben Sie eine kleingeschnittene Zwiebel, Pfeffer Kräutersalz, kleingehackte Petersilie, beliebige Wildkräuter und ein ganzes Ei dazu. Kneten Sie die Mischung gut durch. Sollte sie zu weich sein, können Sie Kastanien- oder Roggenmehl darunter mischen. Formen Sie aus dem Hirseteig Pflänzchen, die Sie in heißem Distelöl in der Pfanne herausbacken.

Und was gibt's dazu?
Hervorragend zu den Hirsepflanzerl schmeckt Wildkräutersalat.

Brokkoli in Bierteig gebacken

Brokkoli ist ein relativ neues Gemüse, es kommt aus Italien. Das Gemüse macht ausgeglichen und zufrieden. Man sagt ihm nach, dass es uns vor Krebs schützt – vielleicht durch das in ihm enthaltene Chlorophyll. Essen Sie öfter kleinere Mengen.

Das brauchen Sie
Dinkelmehl
Bier
Kräutersalz
Pfeffer
Muskat
Zitronensaft
Brokkoli
Butterschmalz oder Öl

Bereiten Sie einen Teig wie für Pfannenkuchen. Doch statt Milch oder Wasser nehmen Sie Bier, Sie können auch alkoholfreies Bier verwenden. Würzen Sie den Teig mit Kräutersalz, etwas Pfeffer, Muskat und ein bisschen Zitronensaft. Der Teig darf ruhig etwas flüssig sein. Zerkleinern Sie die Brokkoli, waschen Sie die Röschen gut in Salzwasser, trocknen Sie sie mit Küchenkrepp ab. Dann tauchen Sie die Röschen in den Bierteig. Erhitzen Sie Butterschmalz oder Öl in einer Pfanne und backen Sie die Röschen heraus. Sie dürfen ruhig innen noch roh sein und einen Biss haben.

Und was gibt's dazu?
Zu Brokkoli im Bierteig sollten Sie Kartoffelbrei mit gerösteten Zwiebeln servieren.

Brokkoli lässt sich auch noch anders zubereiten. Zerteilen und waschen Sie das Gemüse, kochen Sie es drei Minuten in Salzwasser, nehmen Sie es heraus und legen es in eine mit Öl bepinselte Reine (hohe Pfanne). Bereiten Sie aus Dinkel- oder Kastanienmehl eine Mehlschwitze, gießen Sie mit der Brokkoli-Brühe auf. Würzen Sie mit Kräutersalz, Pfeffer, Muskat und Zitronensaft. Geben Sie Creme fraiche oder Schmand hinein. Übergießen Sie damit den Brokkoli, so dass alles gut bedeckt ist. Streuen Sie geriebenen Käse darüber und geben Sie die Reine ungefähr 30 Minuten in den vorgeheizte Backofen.

Wildkräutersalat

Nach den Wintermonaten, in denen frisches Grün im Speiseplan fehlte, ist der Wildkräutersalat eine wahre Wohltat. Er reinigt das Blut und sorgt dafür, dass es besser fließen kann. Wildkräutersalat ist auch

Das brauchen Sie
Bärlauch
Junge Löwenzahnblätter
Gänseblümchenblüten und -blätter
Scharbockskraut vor der Blüte
Junge Brennnesseln
Jungen Spitzwegerich
Senf
Meerrettich
Kräuteressig (Kresse)
Distelöl (Vitamin E)

gut fürs Herz, das Sauerstoff braucht. Wer die Möglichkeit hat, ab April die Natur zu durchstreifen, sollte Bärlauch, junge Löwenzahnblätter (nicht über 8 cm), Gänseblümchenblüten und -blätter,

Und hier noch ein Tipp von mir
Wer keine Möglichkeit hat, frische Kräuter zu sammeln, sollte zumindest eine Trinkkur mit diesen Säften machen. Sie können die Säfte im Reformhaus kaufen.

Scharbockskraut vor der Blüte, junge Brennnesseln und eventuell schon jungen Spitzwegerich sammeln. Waschen Sie die Kräuter und zerkleinern Sie sie, wie Sie wünschen, geben Sie noch Feldsalat und Rapunzel (Eisen!) dazu. So haben Sie eine Schüssel geballte köstliche Gesundheit für Ihre Organe. Als Dressing empfehle ich einen Teelöffel Senf, einen Teelöffel Meerrettich, Kräuteressig und Distelöl (Vitamin E).

Salatgurke gedünstet und gefüllt

Die Salatgurke ist ein Schlankmacher. Wenn möglich, sollten Sie das Gemüse aus biologischem Anbau beziehen, da Sie die Schale unbedingt verwenden sollten. Hier geht es um hochwertige Kraftstoffe, die nicht verloren gehen dürfen.

Die Gurke besteht fast nur aus Wasser und hat nur drei Kalorien. Sie ist auch das einzige Gemüse, das natürliches Insulin enthält. Trinken Sie viel von einer ausgepressten zerkleinerten Gurke, wenn Sie zu hohe Glukosewerte haben.

Das brauchen Sie
Salatgurke
Kräutersalz
Pfeffer aus der Mühle
Reis oder Hirse
Gekörnte Brühe
Eigelb
Zwiebel
Kräuter der Saison
Kräutersalz
Pfeffer aus der Mühle
Muskat
Meerrettich
Senf
Zitrone
Saure Sahne oder Schmand
Geriebener Käse

Nehmen Sie eine Gurke vom Gärtner oder Eigenanbau. Sie wird nicht geschält. Schneiden Sie die Gurke der Länge nach durch, schälen Sie mit einem Löffel das Weiche heraus, salzen und pfeffern Sie die Gurke leicht. Für die Füllung kochen Sie Reis oder Hirse in gekörnter Brühe, geben Sie ein Eigelb, eine kleingehackte Zwiebel, Kräuter der Saison, Kräutersalz, Pfeffer, etwas Muskat, Meerrettich und Senf hinzu. Vermischen Sie alles miteinander und füllen Sie die Gurke über den Rand mit der Mischung, da der Deckel auch ausgehöhlt ist. Binden Sie die beiden Hälften mit einem Faden zusammen oder verwenden Sie dazu Zahnstocher.

Und hier noch ein Tipp von mir
Die Gurke ist auch ein Schönheitsmittel. Schneiden Sie die Gurke in Scheiben. Legen Sie diese direkt auf ihr gereinigtes Gesicht, gönnen Sie sich 20 Minuten Ruhe. Waschen Sie das Gesicht danach nicht ab. Legen Sie auch einige Gurkenscheiben auf Ihren Hals.

Geben Sie die Gurke in eine mit Distelöl eingeriebene Reine und übergießen sie mit einer gekörnten Brühe; würzen Sie mit Zitrone, etwas saurer Sahne oder Schmand. Streuen Sie geriebenen Käse und geröstete Zwiebel darüber. Das ersetzt das Fleisch, liefert aber dennoch Eiweiß. Backen Sie die Gurke 20 Minuten im Backofen.

Gurkensuppe

Zwei Gurken mit Schale (biologisch) und eine rote Zwiebel mit Gurkenhobel zu Scheiben aufschneiden, diese mit Wasser bedecken und in gekörnter Brühe 15 Minuten kochen. Vermischen Sie alles gut und dicken Sie die Mischung mit Creme fraiche oder Schmand etwas ein. Würzen Sie mit etwas Meerrettich und Senf sowie Pfeffer, Kräutersalz und Kräutern der Saison.

Geben Sie in Distelöl geröstete Vollkornbrotwürfel darüber. Schon haben Sie ein komplettes Essen als Schlankmacher. Wer will, kann noch Käse- oder Tofuwürfel in die Suppe geben (Tofu hat statt tierischem pflanzliches Eiweiß – Soja).

Das brauchen Sie
Gurken mit Schale
Rote Zwiebel
Gekörnte Brühe
Creme fraiche oder Schmand
Meerrettich
Senf
Pfeffer aus der Mühle
Kräutersalz
Kräuter der Saison (Dill, Petersilie, Bärlauch, Spitzwegerich, Kapuzinerkresse, Brunnenkresse)
Distelöl
Vollkornbrotwürfel
Eventuell Käse oder Tofu

Grüne Gurkencremesuppe

Bei diesem Rezept habe ich ausnahmsweise die genauen Mengen, die sich als ausreichend herausgestellt haben, angegeben.

Das brauchen Sie
4 frische Eier
200 g Mischbrot
Butterschmalz zum Braten
1 Endiviensalat
500 g Kartoffeln
1 dicke Zwiebel
2 Esslöffel Distelöl
1 Dose Erbsen
1 großes Glas (850 ml) Kräuter gemischt, vor allem Brennessel
1 Bund Petersilie
Kräutersalz
Pfeffer
2 Esslöffel Zitronensaft
Meerrettich
Senf
1 Becher Schlagsahne oder Schmand

Kochen Sie die Eier wachsweich, dann abschrecken und schälen. Aus dem Brot schneiden Sie Würfel, die in Schmalz resch gebraten werden. Den Endiviensalat waschen, sehr gut abtropfen lassen und die Blätter in schmale Streifen schneiden. Die Kartoffeln waschen, schälen und in kleine Würfel schneiden, die Zwiebel abziehen, ebenfalls in Würfel schneiden und in heißem Distelöl (Vitamin E) andünsten.

Dann geben Sie die Kartoffelwürfel dazu und dünsten sie ebenfalls kurz an. Mit Erbsenflüssigkeit aufgießen und weich werden lassen. Den Salat und die Erbsen zur Suppe geben, kurz ziehen lassen, die kleingehackten Kräuter dazugeben, mit Gewürzen und Zitronensaft abschmecken. Die Sahne halb steif schlagen und kurz vor dem Servieren unter die Suppe ziehen. Zum Schluss die gerösteten Brotwürfel und die aufgeschnittenen Eier auf die Teller verteilen.

Salat bei Nierenproblemen

Das brauchen Sie
300 g Zwiebeln (rot)
300 g geschälte Möhren
300 g geschälten Sellerie
50 g geschälte Esskastanien (Maroni, roh)
100 g Honig
Saft einer halben Zitrone

Alle Zutaten werden zerkleinert, gerieben oder gehackt und mit 100 g echtem Honig und dem Saft einer halben Zitrone vermischt.

Am wirksamsten ist der Salat, wenn er pro Tag in drei Portionen jeweils vor der Hauptmahlzeit gegessen wird. Bei Nierenproblemen sollten Sie anfangs täglich, später zwei- bis dreimal wöchentlich den Salat essen.

Und hier noch ein Tipp von mir

Wenn die Nieren nicht richtig arbeiten oder Sie von Ödemen geplagt sind, empfehle ich täglich 1/2 bis 1 Liter Buttermilch zu trinken – wenn möglich dreimal pro Tag 1/2 Liter. Hilfreich ist auch ein gesunder und leckerer Mischsalat.
Bei einer Nierenentzündung lassen sich erstaunliche Erfolge mit dreitägigen Apfelkuren erzielen. Während dieser Tage isst man nichts, außer vielen ungeschälten und unbehandelten Äpfeln. Stets empfehle ich bei Nierenleiden einen Tee aus Goldrute und Bärentraubenblättern zu gleichen Teilen. Setzen Sie abends zwei Teelöffel der Mischung mit kaltem Wasser an. Am nächsten geben Sie den Ansatz in heißen Zinnkrauttee – nicht mitkochen!

Brennnessel – eine Delikatesse

Maria Treben sagte bereits, dass die Brennnessel die Königin der Heilkräuter ist. Ich gebe ihr Recht. Die Brennnessel enthält Calcium, Magnesium, Eisen Phosphor und Chlorophyll. Ab April sollten Sie täglich Brennnesseln essen.

Das brauchen Sie
Brennnesseln
Distelöl
Nudeln oder Bratkartoffeln
Geriebener Käse
Geröstete Zwiebeln

Pflücken Sie die Brennnessel, wenn sie jung ist. Nehmen Sie die Pflanze am Stiel, da brennt sie nie. Die Brennnesseln werden gewaschen, kleingeschnitten und in Distelöl gedünstet – entweder weich oder knusprig. Vermischen Sie sie mit gekochten Nudeln oder Bratkartoffeln.

Geben Sie geriebenen Käse und geröstete Zwiebeln darauf. Sie haben alles, was Ihr Körper braucht für diesen Tag – ein Fünf-Sterne-Essen.

Und was gibt's dazu?
Reichen Sie zu den gedünsteten Brennnesseln Salat nach Jahreszeit.

Gebackene Brennnesseln

Etwas Mehl, ein Ei, etwas Bier, ein bisschen Kräutersalz und Pfeffer zusammenmischen, mit Quirl oder Schneebesen schlagen, das Brennnesselblatt eintauchen, ausschleudern, damit nicht zuviel Teig hängen bleibt, dann ins heiße Distelöl geben, umdrehen und nur kurze Zeit backen, damit es nicht zu dunkel wird. Die gebackenen Brennnesselblätter abtropfen lassen. Mit diesem Gericht können Sie Ihren Gästen etwas wirklich Besonderes bieten.

Das brauchen Sie
Dinkelmehl
Ei
Bier
Kräutersalz
Pfeffer
Brennnesseln
Distelöl

Eine ausgezeichnete Tomatensuppe

Die Tomate ist schon wegen ihres Farbstoffs sehr gesund, aber auch wegen der verschiedenen Vitamine. Tomaten unterstützen den Fettabbau und helfen bei Arterienverkalkung sowie bei Leberproblemen.

Nehmen Sie Tomaten je nach Bedarf oder Größe der Familie. Die Tomaten werden geviertelt und in einen Topf gegeben. Dazu kommen die Lorbeerblätter, Nelken, die Schale einer unbehandelten Zitrone und kleingehackte frische Petersilie. Geben Sie nur soviel Wasser dazu, dass alles gerade bedeckt ist. Kochen Sie die Tomaten weich, rühren Sie anschließend etwa zwei Esslöffel Dinkelmehl hinein und vermischen Sie alles gut.

Nun pürieren Sie die Suppe durch ein Sieb in einen anderen Topf.

Das brauchen Sie
Tomaten
2 bis 3 Lorbeerblätter
6 Nelken
Schale einer unbehandelten Zitrone
Frische Petersilie
Dinkelmehl
Gekörnte Brühe oder Gemüsebrühe
1/2 Becher süße Sahne oder Schmand
Pfeffer aus der Mühle
Kräutersalz
Muskat
Geröstete Brotwürfel
Schnittlauch

Gießen Sie mit gekörnter Brühe oder Gemüsebrühe auf, geben Sie süße Sahne oder Schmand dazu. Als Würze empfehle ich Pfeffer, Kräutersalz und Muskat. Geben Sie geröstete Brotwürfel und Schnittlauch in die Suppe.

Gedünstete Zucchini

Da Zucchini eigentlich ohne Geschmack sind, können Sie die ausgehöhlte, jedoch nicht geschälte Frucht gut würzen. Beträufeln Sie sie mit Zitronensaft, würzen Sie mit Kräutersalz, Pfeffer, etwas Muskat, eventuell einer Prise Ingwer.

Für die Füllung empfehle ich Champignons, Tomaten, Zwiebeln, Schafskäse, Sesamsamen. Zerkleinern Sie die Zutaten, vermischen Sie alles gut mit einem Ei, geben Sie Kräuter der Saison dazu sowie Meerrettich, Senf, Kräutersalz und Pfeffer. Füllen Sie damit die ausgehöhlten Zucchini, binden Sie sie zu, geben Sie das Gemüse in einen mit Distelöl eingestrichenen Topf und übergießen Sie die Zucchini mit Gemüsebrühe. Wer es pikant mag, kann noch geriebenen Käse darüberstreuen. Geben Sie den Topf in den vorgeheizten Backofen, und lassen Sie das Gemüse etwa 20 Minuten bei guter Hitze backen.

Das brauchen Sie
Zucchini
Zitronensaft
Kräutersalz
Pfeffer
Muskat
Ingwer
Champignons
Tomaten
Zwiebeln
Schafskäse
Sesamsamen
Ei
Kräuter der Saison
Meerrettich
Senf
Kräutersalz
Pfeffer
Distelöl
Gemüsebrühe

Quark schnell selbst gemacht

Das brauchen Sie
2 bis 3 Liter Vollmilch (frisch)
5 Esslöffel Zitronensaft

Die Milch bei mittlerer Temperatur aufkochen. Wenn sie im Topf aufsteigt, den Zitronensaft einrühren und den Topf von der Herdplatte nehmen. Die Milch durch ein Sieb, das mit einer doppelten Lage Käseleinen ausgelegt ist, in ein Gefäß gießen. Im Sieb bleibt der Frischkäse zurück. Das Tuch mit dem Käse zusammenbinden und die restliche Flüssigkeit (Molke) herauspressen. Jetzt kann man zum Beispiel den Käse im Leinen eingerollt lassen und mit einem Stein beschweren. Oder man hängt das Tuch auf, damit die Flüssigkeit heraustropfen kann. Anschließend schneidet man den festgewordenen Käse in Würfel und frittiert diese im heißen Pflanzenöl, bis sie leicht gebräunt sind. Sehr gut schmeckt Wildkräutersalat dazu.

Und hier noch ein Tipp von mir
Die Molke kann man trinken. Das ist gut für die Nieren und hilft bei Thrombosen.

Kartoffel-Ei-Plätzchen mit Sauerkraut und Tomatensoße

Die Kartoffeln werden in der Schale in etwa 20 Minuten gargekocht, dann abgegossen, geschält und durch die Presse gedrückt. Dann lässt man sie gut auskühlen. Schneiden Sie das Sauerkraut etwas kürzer, ziehen Sie die Zwiebel ab, würfeln Sie sie fein und dünsten Sie die Zwiebel in heißem Fett glasig. Geben Sie das Sauerkraut dazu und dünsten es kurz mit. Mit den Tomatenstücken angießen, alles heiß werden lassen, Schmand oder Sahne dazugeben, Schnittlauch schneiden, unterheben, mit Salz, Pfeffer, Honig und etwas Paprikapulver abschmecken. Den Kartoffelschnee mit gehackten Kapern, den Eiern, dem Mehl und reichlich Kräutersalz nach Geschmack gut durchkneten. Aus dem kompakten Teig eine Rolle, etwa 7 cm Durchmesser, formen und in etwa 1 cm dicke Scheiben schneiden. Das Bratfett in einer Pfanne erhitzen, die

Das brauchen Sie
750 g mehlige gekochte Kartoffeln
1 Bund Schnittlauch
250 g Sauerkraut
Zwiebeln
1 Esslöffel Butterschmalz oder Distelöl
350 g Tomatenstücke im Saft (aus der Dose)
Salz
Pfeffer
Etwas Senf
1 Esslöffel Honig
Paprikapulver
2 Esslöffel Kapern
2 frische Eier
Etwa 4 Esslöffel Mehl
Fett zum Braten
Kräutersalz
Etwas Schmand oder Sahne
Geriebenen Käse

Plätzchen kurz braten. Die Plätzchen dann mit der Sauerkraut-Tomaten-Soße servieren. Über die Tomatensoße je nach Geschmack noch geriebenen Käse oder Kräuter der Saison streuen.

Meerrettichquark

Meerrettichquark ist nicht nur ein gesunder (gegen Cholesterin), sondern auch ein pikanter Brotaufstrich. Alle Zutaten werden einfach miteinander vermischt.

Das brauchen Sie
250 g Quark
100 g feingeriebenen Meerrettich
3 bis 5 Esslöffel Milch, Sahne oder Schmand
Etwas Kräutersalz
Zitronensaft
Frische Kräuter
Sesamkörner

Als Kräuter empfehle ich eingelegten Bärlauch, zerkleinerte Kapuzinerkresse (Blüten und Blätter) oder Brunnenkresse. Sie können auch Spitzwegerich in Streifen schneiden und über den Quark streuen. Als Ballaststoffe sollten Sie auf das bestrichene Brot einen halben Teelöffel Sesamkörner streuen. So haben Sie alles, was Ihrem Körper gut tut.

Kartoffelpüree mit Meerrettich

Drücken Sie die in Salzwasser gekochten Kartoffeln durch die Presse und verrühren Sie die gepressten Kartoffeln mit einem Schneebesen mit heißer Milch und etwas Butter. Heben Sie den mit geschlagener Sahne vermengten Meerrettich unter die Kartoffeln. Darüber geben Sie geröstete Zwiebel, wenn Sie haben auch geröstete Brennnesseln.

Im Sommer sollten Sie zum Kartoffelpüree eine große Schüssel Wildkräutersalat reichen, im Winter Krautsalat, Salat aus Roter Bete oder Selleriesalat. Statt Fleisch verweden Sie Tofu als Eiweißspender (Soja).

Das brauchen Sie
500 g festkochende Kartoffeln
50 ml Milch
Etwas Butter
1/8 Liter Schlagsahne
50 g feingeriebenen Meerrettich
40 g Butter
Muskat

Konfitüre aus Birnenquitte

Wenn die Birnenquitte im Herbst gelb ist, dann sollten Sie die Früchte kaufen. Die Quitte enthält viele gesunde Stoffe, nämlich Schleim, Pektine, Vitamin C und Gerbstoffe. Sie wirkt entzündungshemmend, regulierend auf Magen und Darm, auch bei Durchfall, durchblutungsfördernd, auch bei Gicht und Rheuma. Außerdem hat sie eine potenzsteigernde Wirkung. Die Frucht kann man nicht roh essen. Man muss sie ziemlich kleinschneiden, das Kernhaus herausnehmen, aber nicht wegschmeißen. Man kocht die Frucht ohne Schale. Diese kann man aufheben und für Quittentee trocknen.

Am gesündesten ist es, Quitten mit Gelierzucker zu Konfitüre einzukochen. Wer viele Quitten hat, kann gekocht einen Teil einfrieren oder aufschneiden und in der Dörre oder im Backofen trocknen.

Und hier noch ein Tipp von mir

Gegen Verschleimung der Atemwege und bei Bronchitis hilft folgendes Rezept: Zerstoßen und kochen Sie 5 g Quittenkerne mit 100 g Wasser. Dazu geben Sie 100 g Spitzwegerichsirup, den Sie wie folgt herstellen: Frische Spitzwegerichblätter werden sauber gewaschen und durch den Fleischwolf gedreht. 1 Pfund Honig und 1 Pfund brauner Zucker werden in wenig Wasser aufgelöst, dann die Spitzwegerichblätter dazugegeben. Das Ganze lässt man so lange sieden, bis daraus ein Sirup geworden ist.